清心

|明|学|大|和|尚|简|记|

清心

學誠

清心

明学大和尚简记

仁华　文华◎著

宗教文化出版社

序言

清心与坚守

近年来，因为佛缘，先后有机会向证严法师、星云法师、学诚法师和觉醒法师等请教，但毕竟才疏学浅，对佛学仍然不甚了了。所以，苏州的朋友把这本明学大和尚的传记送来，希望我写点文字的时候，我一直惶恐，不敢应承。

书稿在我这里放了许久。每次翻开，灵岩塔的佛光和明学大和尚的眸光总在我眼前浮现。

自20世纪40年代到了苏州灵岩山寺以后，明学大和尚便很少离开。即使由于工作的需要短暂离开，也都是匆匆即返。大和尚说，灵岩山寺已经是他离不开的地方，是值得坚守的道场，也是让自己清澈的所在。70年的风风雨雨，其间有来自尘俗的侵扰，有政治上的波折，也有生活上的磨难，但所有的一切从来没有动摇过他的信念。寺院历经沧桑，大和尚痴心不改。

一个老人，把自己的青春，把自己的生命，都给了这座佛教圣山。从曾经的青春年少到如今的耄耋之年，虽然他的容颜已改，但古寺依然年轻，寺内古树依然挺拔。明学大和尚有那么多离开的机会，为什么历经岁月，他仍然在这里？我一直在思考，究竟是什么力量让他对灵岩山寺不离不弃呢？这本书告诉了我们答案：一片清心，一种坚守。只有清心，才能坚守。因为清心，所以坚守。因为坚守，愈发清心。

明学大和尚的故事感动了许多人。苏州的一些朋友从大和尚的清心与坚守中，得到了人生的启示，他们发愿要记下大和尚的行迹，便于来者观瞻，利于学者索隐，让更多的朋友走近明学大和尚。但明学大和尚虽然年事已高，对写自己的传记却并不热心。他一直建议多写寺院的历史，写印光法师和他的前辈。

作者朋友们告诉我，尽管这是一本简要的传记，写作起来却并不轻松。不事张扬的明学法师一直很低调，不愿意抛头露面，不愿意上电视、上报刊，使得现有的资料非常少，而当年亲近大和尚的人很多也已经不在。

越是如此，大家越是感觉到编写一本明学大和尚简记的必要。两年多的时间里，他们去了很多地方，尽可能采访了很多人，尽可能地搜集相关资料和图片。可以说，他们无意中就应用到了社会学上的田野调查方法，有很多内容是珍贵的口述史料。资料找到了，他们还做了很多甄别、分析的工作。

这本书的写法也很特别。如何去把握明学大和尚在灵岩山寺这么多年的贡献，如何在社会变迁的背景下来认识和发现明学大和尚，需要作者有独特的眼光和传神的妙笔。这里面多少有些历史社会学的手法。

大和尚的清心，才引发了作者的倾心，从而让这本原是对一个人的简记，同时成为净土宗传承中的一例个案研究。本书严格遵循真实性第一的原则，既具有艺术的真实，更做到事实的真实。真实，使本书拥有强大的生命力。从明学的个人成长以及灵岩山的寺院发展中，我们对于近代以来净土宗的发展概况，也可窥见一斑。所以，这本书严格来说不是一部简单的人物传记，也不是一本空洞的材料汇编，而是人与寺院交相辉映七十载的宏大画卷。通观全书，可以看到，作者的方法富有科学性，研究富有实证性，文字富有文学性。作者所做的工作其实是对一笔文化遗产的整理和记录，更显珍贵。作者着意揭示人物的精神风貌，必将使大和尚的形象在人们的心中更加立体。

这些朋友们告诉我，他们为大和尚的清心所指引而编写此书。同时，他们受大和尚清心的启发，自愿用笔名，慷慨解囊，倾以巨资，无偿地印发大量图书。他们的弘法善举，不但造福佛门，而且大利文化。感谢他们,在繁忙的工作之余，也用远离名利的清心、数年如一的坚守，带给我们这本书，为我们这个喧嚣的社会，带来一些清心，一些思考。

愿我们通过这本书，走近明学大和尚，亲近清心，学会坚守。

2013年2月5日晨，写于北京滴石斋

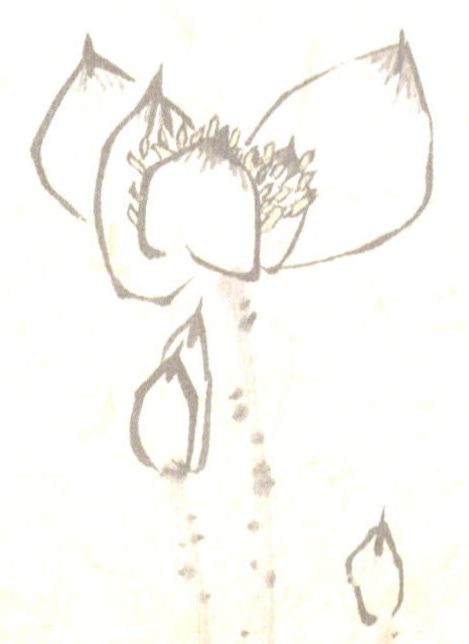

猶如蓮花不著水
亦如日月不住空

學誠

引言

一段清澈的相遇

常随佛学

对于一切众生，都渴望摆脱痛苦，获得快乐。这种渴望是所有行为的驱动力，人的本性需要这种渴望，它会激发每个语言、每个行为、每个念头，就像我们呼吸一样自然，常常无法觉察。

然而，用自私自利的方式去寻找快乐，注定要竹篮打水，罗曼·罗兰曾经说过：“当自私自利的快乐是人生中唯一目标时，人生很快就会变得毫无目标。”如果我们不在意他人的快乐，那么，即使我们表面上显露出如何快乐的样子，也无法获得快乐的渴望。要想他人获得快乐，首先就要自己获得快乐，但真正快乐的根源在于良善，在于无私地帮助他人，用慈爱和悲心去关照他人，明学大和尚就是这样的一位老人，他的利他悲心，如同喜悦和热忱一般，他的故事传达了一个修行人至高无上的思想境界。

明学大和尚像其他佛子一样，也是千万佛子中的一粒分子，但他却是让众生感动的一粒分子，他筹款修寺，制定寺规，清净道风，主持教学，爱国爱教，记载了他在灵岩山寺佛学事业的贡献；他悲悯众生，淡泊名利，持戒谨严，修持精进，体现了他弘法利生的广大悲心，使之海内外声名远播。

几年前，曾总听到有人说大和尚的悲心切愿和质朴的故事，那时我的心里总有一份期待，希望因缘具足的时候，能与这位充满神奇色彩的老人邂逅，去感受他慈悲的光辉映照我的心灵。终于有一天，我放下了尘世的喧嚣，去灵岩山探寻人生究竟的真理，感受大和尚足够的温暖。

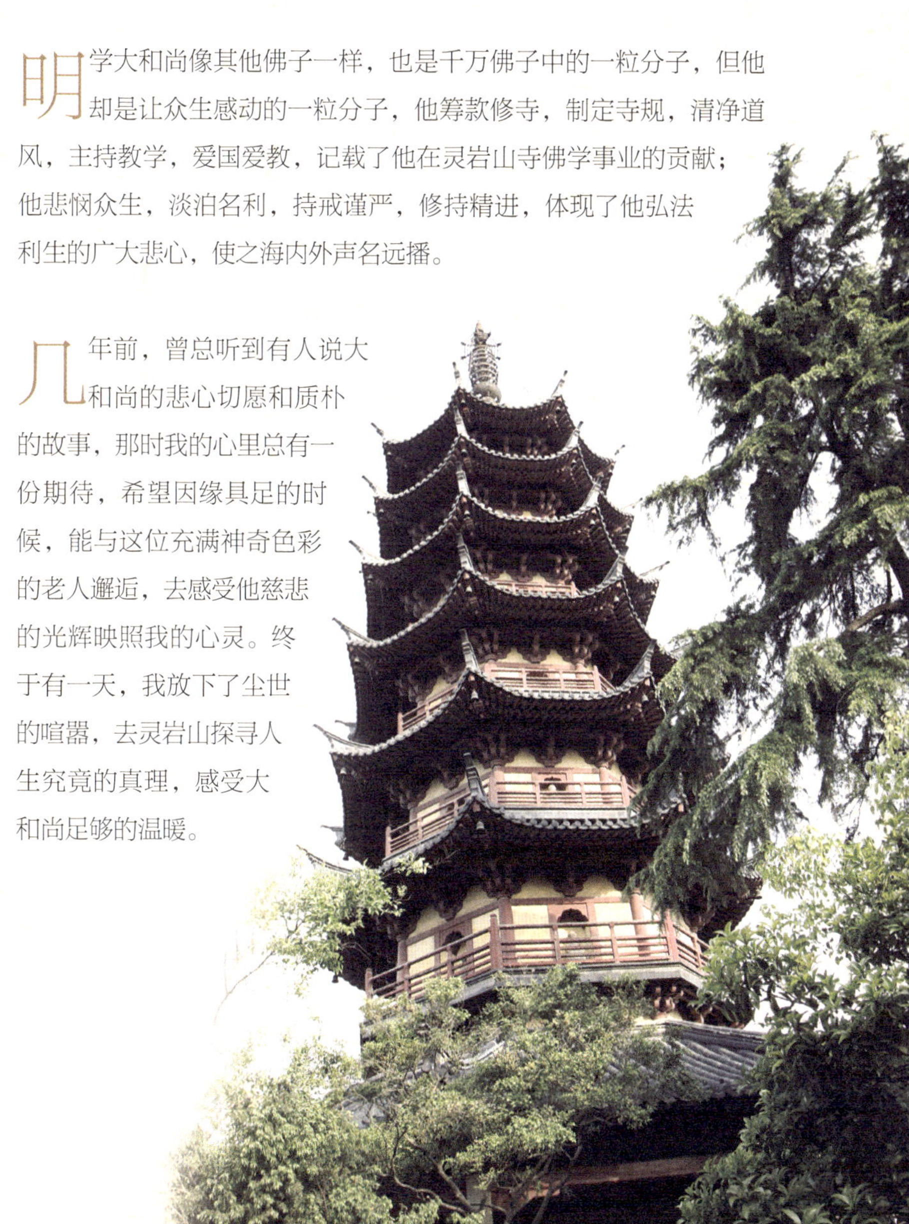

明学法师犹如一盏明灯，照亮了众生的心灵，开启了众生的智慧，他的法教不仅是他自身的修持，而且也体现了净土宗风的传承，我们试图做明学大和尚心灵的传播者，唯一的目的就是保存和传诵他的故事，让想阅读他的读者，根据自己的需求与领悟，得到心灵的指导和广大的开示。由此发心，我们萌生了撰写本书的意愿，通过撰写大和尚的简传让世人来了解明学大和尚，作为一代高僧，为了护持佛法、背负救度众生之大愿，克服重重困难，将净土法门一脉相承、发扬光大的事迹。

通过这本简记，大家可以清晰地了解到，明学法师完全秉承了印光大师“敦伦尽分，闲邪存诚，老实念佛，求生净土”的教学宗旨，这十六个字，也正是净土法门的真谛。本传记不仅仅是著明学大和尚一生的故事，更多的是了解他对待事物处理的智慧和他对世人的教言，而这些开示和教言是他多年行持的智慧结晶，从点点滴滴中，来引导众生破迷开悟，证明了净土法门是末法时期众生离苦得乐、转凡成圣的捷径。

明学大和尚简传乃是启发心灵的传记，他能让你的内心生出慈悲和宁静，让我们去尝试和认清这种存在于我们心中的潜能，也就是全心全意为众生服务的生命意义。为了达到这一目标，我们必须要对一切众生生起强烈的温暖和慈悲的感受，这种感受随时应用在我们的日常生活中，以这种态度让我们增加对人们福祉而努力的热忱与意愿。无私的爱是人生的最高展现，明学大和尚这种无私的爱，为我们开启了一扇内在的门，使我们的妄自尊大和恐惧失去作用，他用无畏的布施、慈悲的摄受，将他的利他人生描述得淋漓尽致。

明学大和尚启迪人心的故事和教法，以及高深的学问和慈悲，不由得使我写了这几句引言，但这些却是我能够留在记忆之中的，从明学大和尚那里领受的甚深的教法和领悟的只言片语。

目录 CONTENTS

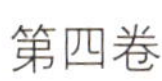

第四卷

思量祖师传道苦....../85

第五卷

不舍传承殊胜行....../117

附录一....../157

附录二....../195

第一卷

似曾相见不相识

这世间，这风尘，这漫无边际的思绪，分明已经给了我栖身之所，可为什么我的心还是无处安放？

寻找净土

每个人从小到大都想找到自己那片纯净的天空，让那份劳顿和幽怨找到停泊的港湾。

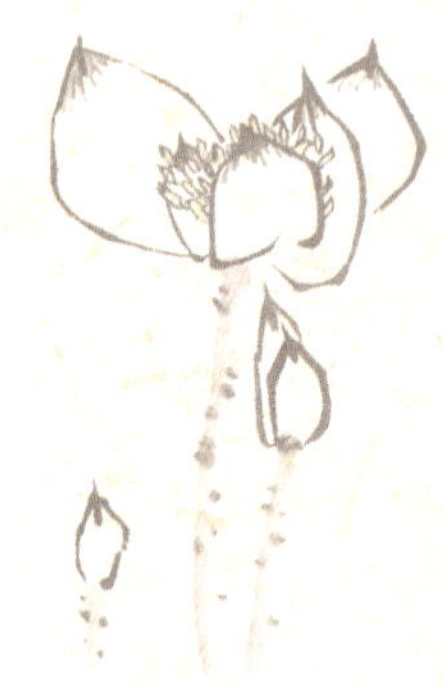

人活着到底为了什么？是为了留恋大城市的奢华，还是追逐那些虚无缥缈的灯红酒绿？是追求日益物质丰足的享受，还是穿梭在闪烁的霓虹？是在悠然的光阴下品一杯茗茶，或是聊几句阴晴月缺的话？难道仅仅为了一种简单的存在？忙碌和散乱的心似乎无法找到准确的答案。

这世间，这风尘，这漫无边际的思绪，分明已经给了我栖身之所，可为什么我的心还是无处安放？为了心中的梦想，背负沉重的因果辗转红尘。众生万象，业力不同，情怀各异。有人喜欢欣赏路边的美景，情不自

但願嘉賓咸念佛
只緣淨土是君家

庚辰中秋釋印光書時年八十

禁；有人喜欢凄凉的易水，叙说苍凉；有人贪恋大漠孤烟袅袅的孤独，有人喜欢在淅沥的雨中淋湿自己；有人却愿背起行囊，向古老的年代找寻因果之路。

总之，每个人从小到大都想找到自己那片纯净的天空，让那份劳顿和幽怨找到停泊的港湾。为了这个梦想，我甘愿去采撷一片天空的白云，去做一个寻求真理的游子，去叩醒古老而神秘的佛教圣地——灵岩山，探寻人生的究竟真理。

灵岩山，这座写满了很多神话故事的净土，历史上曾有多少名人雅士览景于此，各显风骚。南朝梁简文帝，唐朝大诗人白居易、李商隐、刘禹锡、韦应物等，宋范仲淹、释园照等，明朝文征明、唐寅、高启等，清朝康熙、乾隆二帝，历史学家毕沅以及现代田汉、邓拓等，他们都曾经朝拜过此山，留下了激情的诗行。

岁月老去，流年渐远，春秋的故事却仿佛就在昨日。灵岩山本是春秋时期吴王夫差的行宫。当年春秋吴

吴王井遗迹

玩月池

越夫椒一战，越国大败，越王勾践和大夫范蠡被押为人质，居住在石室之中，向夫差献上越中美女西施。吴王夫差接受了越王所献美女西施，对她极为宠幸，特为她在灵岩山上建造行宫，铜钩玉槛，奢侈无比。吴人称美女为娃，故名“馆娃宫”。

传说西施在灵岩山一住就是六年，如今山上还留下玩月池、玩花池、梳妆台、智积井、吴王井等作为千古见证。公元前473年，越王勾践从水路攻进吴国，把这富丽堂皇的馆娃宫付之一炬，烧成断壁残垣。

多少尘缘已成过往，多少时光早已流淌。灵岩山不知道吸引了多少文人墨客的好奇和向往，在一曲幽怨的古琴声中倾诉自己的衷肠。“旧苑荒台杨柳新，菱歌清唱不胜春。只今惟有西江月，曾照吴王宫里人”。这是大诗人李白为灵岩山写的一首七绝诗。此诗道出了凄凉的过往，破旧的宫苑，荒凉的姑苏台，现在只剩下杨柳吐新叶，采菱姑娘清脆的歌声，还有长江上空曾照过吴国宫殿的明月。这首看起来描写景物的诗，实际上是诗人借景抒怀，表述自己对吴国亡国不尽的苍凉。诗里记载了一段真实的、发人深省的历史事件，发千古之幽情，寻味悠长。

在东晋时，司空陆玩被曼妙动人的故事深深地吸引，于是，在灵岩山吴宫遗址修建别业居住，后因其闻佛法，舍宅为寺，换取了世人永远的感动和怀念。从

玩花池

此，便成为灵岩道场之开端。南朝梁武帝天监年间从西域来了一位梵僧智积，来寺开山，传说他是智积菩萨的化现。这里后来被称为智积菩萨显化道场。灵岩山寺[①]名声从此不胫而走。

曾几何时，这幽静的灵岩山，成了无数信众魂驰神往的地方，虽然这山不够巍峨，景色也不见得秀丽，但还是让人流连忘返，痴迷不已。也许这里有着人们需要的东西，也许隐藏着什么秘密，也许每个人都能从中找到心中的净土，也许是历代圣僧的加持力故。

①灵岩山寺创建于公元520～519年,宋初曾一度改为秀峰禅院。绍兴年间赐匾额显亲崇报寺。明洪初年，赐匾额报国永祚禅寺。明永乐十年重新修缮，明弘治年间（1488—1505年）被毁。清顺治六年（1649年），寺僧重新修建。于康熙十四年(1675年)布政使慕天颜重建大殿，康熙和乾隆二帝南巡时，在山顶筑有行宫，清咸丰十年（1860年天平天国）焚于兵火，1873年念诚法师略加修复。清宣统二年（1910年），经当地士绅挽请，真达和尚接任住持。至民国十五年（1926年），真达和尚修缮了寺宇，请戒尘法师出任住持，名崇报寺。民国十八年（1929年），戒尘法师应请赴昆明弘化。他向真达和尚推荐，请慈舟法师继任灵岩山寺住持。慈舟法师晋山后，他订下“常年打七”的制度，一心领众念佛。而一般寺务，则由监院妙真和尚负责。民国二十年（1931年）春，慈舟法师应武昌宝通寺之请，到武昌讲经，以后未再返回。住持缺位，寺务由监院妙真法师维持。

1932年，近代高僧印光法师将其恢复为灵岩山寺旧名。1940年，印光大师圆寂之前，请妙真和尚接任住持。1980年，改革开放，由明学大和尚担任住持。

在此，曾经有一个美丽的传说。一日，一直在报国寺的印光大师，由居士陪同，乘一叶小舟前往吴县光福寺。烟雾里细雨中，印光大师站立船头，江南水乡，柳岸风轻，风光迤逦多姿。舟行至灵岩山的时候，他极目远眺，看到了远远的一座塔，便向居士问道：此乃何处？居士答道：此乃智积菩萨道场灵岩山寺。印光大师凝神看了好大一会儿。

他们就在最近的地方上了岸。一路走上山来，看着这片丛林，印光大师似乎找到了家的感觉，认定灵岩山定会成为他今生的归宿，无论沧海变为桑田，无论世界如何变化，他都要在这里留下些什么。

灵岩翠竹

"我不走了，我要在这建一个十方净土道场"。从此，灵岩山寺与印光大师结了缘。当然，这仅仅是一个传说，至于印光大师来灵岩还另有历史渊源。

有的人不远千里来此，只为找寻西施的芳踪，睹一下历史的沉浮；有的人只为欣赏西山日落的美景，在寺前望云卷云舒，看花开花落；有的人却只为念一句"阿弥陀佛"来慰藉自己的心灵，每个人心里都装着自己的梦想与渴望。

通往灵岩寺的途径，是一条两米左右宽的御道，迄今为止已有三百多年的历史，至清朝重新修建而成，小路蜿蜒曲折，拾阶而上，到处弥留着历史的气息。石

通达灵岩山寺的蜿蜒山路

阶上看到虔诚的信众三步一叩跪地前行，眼神里透着不可动摇的坚定。他们选择以这种虔诚的方式走完山路，是为了心中的那份信念，为了寻找前生的梦，去接受最圣洁的洗礼。在几片飘着白云的天空，几只苍鹰偶尔掠过，惊散了触手可及的流云。

历史的长河一泻千里，如一幅长长的画卷，诉说着一个个不为人知的故事。追逐一个梦，或许仅用三年五载，而想找回自己，却不知道要花费多少光阴。

寺门口的石狮

古道凉亭，曾驻足过多少文人墨客，黄墙黛瓦，曾孕育了多少高僧大德。在这里我们的想法如此简单，只求得到一位老和尚的开示。岁月更迭，王朝易主，多少风云霸业，都在历史长河里无声地淹没，可以让我们记住的人和事寥若晨星。

我们放下尘世的一切尊贵和荣华，也带来了些许繁芜的心事和纷乱的尘土，伴着晨曦的微风渐行渐远，不由得想起林语堂在《苏东坡传》中的一句话：人生在宇宙中的渺小，表现得正像中国的山水画，在山水画里，山水的细微处不易看出，因为已消失在水天的空白中，这时微小的两个人物，坐在月光下闪亮的江流上的小舟里。由那一刹那起，读者就失落在那种气氛中。在静谧的山野之中独行，却也是一种难得的享受。心灵的纯净加上虔诚的信仰，没有一丝的念头，仿佛置身于画中。

不禁感叹这千百年来的灵岩寺，依旧维持着她不变的美丽。事实上，我们再次来到这座灵岩山，是为了寻找一个人，一个熟悉而陌生的老人，虽然每年我们会时有见面，但每次见面都会让我有种别样的心情，每次都能够找到我想要的答案。

在灵岩山寺，“大和尚”的称谓时时掠过耳廓，他就是曾经感动过无数信众，以他的修行教化过无数行者的明学大和尚。

馆娃宫的断壁残垣

茫茫人世间，滚滚红尘中，太多的迷恋，太多的追求，心灵的震颤，往往湮没了灵魂深处那一声呼喊。看尘世的喧嚣与繁华，留一份淡然与从容；听花开花落的声音，收几分自然与洒脱。或许，这才是我们灵魂真正的需求！那也就是我们此行的目的了。

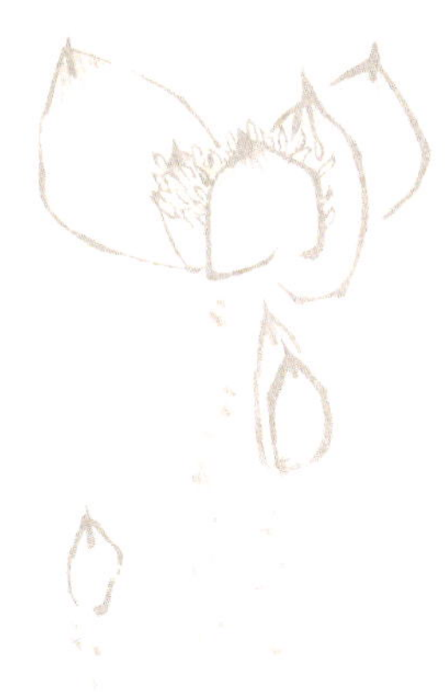

美丽邂逅

在人生逐渐淡去的季节里，氤氲成一幅朦胧的画，就像定格的老照片一般，在记忆深处散发着淡淡的幽光。

我是一个被业力感召的人，世俗的事业让我整日里忙得团团转，很少有时间去叩问人生的哲理。只想做那些“叱咤风云”的事，与合作伙伴谈谈生意，与友人聊聊天，闲来无事品一杯茗茶，养点闲情，看点闲书。尽管如此，在人生逐渐淡去的季节里，氤氲成一幅朦胧的画，就像定格的老照片一般，在记忆深处散发着淡淡的幽光。诸如此类的独享，也难以抑制住心中的渴望。闲静之时，也会被一首古曲撩动心肠，被一首佛乐沁入心脾，被一颗向佛之心带去灵岩。

我常常有感于生命的无常，对于渴望永恒的人们来说，无常就是刹那生灭，我们的心则是念念不息，或追忆或幻想，一直忙碌着曾未停歇过，这种因时光流逝与念头更迭带来的不安，佛教称之为“行苦”，是人生的“三苦”中的一苦。三苦是苦苦、坏苦、行苦。苦苦，是贫穷的苦。坏苦，是富贵的苦。行苦，是不贫不富的苦。难怪有人称之为“生命中的本质就是不安”。

晨曦的色彩真的很美，灵岩山寺被镀上了一层绯红，像女子羞涩的面颊。那是一条被岁月垒成的石街，不知道收藏了多少朝圣者的足迹。路过供奉印光大师的舍利塔院，虔诚地在大师的舍利塔前顶礼，木渎灵岩山寺关房里传出了一片念佛声，摇醒了我们对印光大师的回忆。1940年农历十一月初四凌晨，时年80岁的印光大师圆寂了。百日荼毗时，参加典礼的国内外信众达数千人，场面隆重而庄严。印光大师为净土宗传人，净土宗也称莲宗，故印光大师也被称为“莲宗十三祖”。

此后，印光大师的故事，在全国各地传唱得更加响亮。民间忽有传言，说印光大师就是光绪皇帝，当年被慈禧太后幽禁于瀛台，他设法逃脱魔掌，万念俱灰，才落发当了和尚。此说颇有传奇色彩，因此不胫而走，越传越广。后来，真达和妙真两位大和尚不得不在苏州、上海的报章杂志上分别辟谣，流言方止，此说乃成为当时的一大新闻。

多少年过去了，至今还残留着扑朔迷离的赞歌，今

日，开始为叫一个“明学”的名字心情跌宕，读他的故事，我才明白，他就像一本难以读懂的经书。每个故事里都蕴含着很深的哲理和无尽的禅意，能让人破迷开悟，能让人树立正知正见。其实，每个人心中都有一本经书，只是写着不同的人生，会有不同的解读。明学大和尚的“经书”里写着别样的人生，写着沧海桑田的心。

10年前的一天，几位朋友随同我去灵岩山叩见他，这次谋面好像有着阔别经年之感，他的音容笑貌、举手投足，都好像在梦中呈现，带着一种恍如隔世的陌生与熟悉。一身灰色僧服，淡泊的神情，慈悲的面容，犹如一幅传神的、写意的中国画。当你见到他的一刹那就会被他无尘无香的言行所淹没。

那个大雾天，灵岩山寺的门口，透过眼镜看到一双深邃而又智慧的双眸，折射出让人无法拒绝的宁静。会让你感觉到一个心目中高不可攀的高僧，却与你有着慈父般的距离，这就是我要此行所见的人——江南佛教界著名的“三明”之一的明学大和尚。

我是那种相信缘分的人，走近明学大和尚，像进入了一个神奇的故事里。

逝者如斯夫，不舍昼夜！年近90岁的明学大和尚，一生勤于礼佛，精进修持，找到了安身立命之道和安心的法则，深得赵朴初居士的肯定和赞誉。尤其是20世纪80年代，明学大和尚继承印光大师制定的寺规，重新修订了灵岩山《共住规约》，博得佛教界的众心恭敬。

跟随大和尚的脚步，跨进了庙门。幽静的寺内，时间仿佛已被定格，喧嚣的世界早已走远，烦恼也被终止了奔逐。这是一个幽静的阿兰若处，在这里能够体悟到生命的究竟真理。在当今社会，难得有机会来灵岩山

大雄殿远景

寺，也难得遇到了这样的大修行者。

明学大和尚是这座寺庙的主持，寺里僧众不多，来自十方僧人任由他们挂单、发心常住而用功。穿过曲径通幽的寺院小路，路径大殿。大殿里供奉着观世音菩萨，观音慈霭的容颜，散发出一股慈悲而宁静的力量。

我虔诚地顶礼，如游子投向慈母的怀抱中，祈求呵护和保佑。我知道即便是深处红尘，或者是深山荒野，菩萨一样会慈悲救护。

南無阿弥陀佛

慈悲开示

大和尚平淡的话语中有着太多的内容，需要你去咀嚼，去消化，去回味……

世间的万物，从来都是有得就有失。不要以为你拥有了世间唯一的太阳，却不知早已丢失了明澈的月亮。这位极其平凡又让人肃然起敬的大和尚，平淡的话语中有着太多的内容，需要你去咀嚼，去消化，去回味……

进入客堂，我们一行几人分宾落座。举目所至，客堂里四壁挂着名家书画作品，这江南名寺中，佛教文化里汇流有中国传统文化的精粹。

我们把精神落定在大和尚的眼光中，就目前出现的一些现象和问题请求大和尚开示：

“目前，有不少地方的庙宇，依山傍水，建筑装饰豪华，看了也让人非常的肃然起敬，部分庙宇也杜撰了很多的传说，门票也是相当高昂，您认为这是一种什么现象呢？”

“我们灵岩山寺传承的是印祖道风，不搞现代化。”

大和尚微低着头，一串佛珠在指间慢慢拨动，一句句的“阿弥陀佛”，时刻保持一个姿势，是那样的威仪。

佛在红尘，道在人间。佛法在世间，不离世间觉。如果脱离了众生如何修成正果？

在来之前，我有很多的困惑解不开，带着这些困惑，我请明学大和尚慈悲开解。

“师父，我还坚持不了食素，能皈依吗？”

“皈依三宝是信仰的确认，与素食没有关系，皈依三宝是指我信仰佛教，成为佛教徒，不再信仰其他宗教。不过，皈依之后，如能减少杀生，经常吃素功德是无量的，如果一下子吃素有困难，你可以在初一、十五吃素，待慢慢培养出慈悲心后，吃素就会容易做到了。”

“师父，那我拜您为师吧！”

灵岩山寺客堂之一

“皈依不是拜师，也不是皈依某一个人，是皈依佛法僧三宝，皈依后要听闻佛法，亲近善知识，一切僧都是你的老师；要‘诸恶莫作，众善奉行’，如此才能获得佛法的受用，才能获得信仰的利益。”

睿智的大和尚平静而又淡定，心如冰壶秋月。尽管我问的问题有些肤浅，但他慈悲的眼神告诉我，可以继续提问下一个问题。

“皈依以后一定要受持五戒吗？”

“印光大师在《文钞》中《与福贤女士书》所说，‘然无论受戒不受戒，既皈依三宝，必须持此五事，不敢有犯，方为正信佛弟子。若以未受五戒，于此五戒不须注意，则尚不足为正人君子，况佛弟子乎？’”

“受持五戒后，如果在日常生活中不小心打死蚊虫、蚂蚁，也算是杀生吗？”

“从佛教的戒律来讲，杀生有两种，一种叫‘突击罗’（轻罪），一种是‘波罗夷’（极重罪）。在生活中，无意间杀害蟑螂、虫蚁虽有过失，却可通过忏悔、放生、护生来补救。而‘波罗夷’是大罪，杀人才会构成“波罗夷””。

“受戒以后万一犯了戒，怎么办呢？”

“有人认为受戒难免会犯戒，不受戒就不必担心会犯戒。殊不知，受戒后纵使犯戒，可是通过忏悔来补救，不受戒的人，犯了戒，不知忏悔，罪过加重，因此沉沦加重堕三恶道。

所以宁可受戒而犯过悔过，也不要不受戒而犯戒，何况不受戒，并不代表错事就没有罪过，仍然难逃因果业报”。

“皈依三宝以后可以继续祭拜神明吗？可以继续祭拜祖先吗？可以到其他地方礼佛吗？”

“佛教是包容性的宗教，自然允许相互之间尊敬。印光大师在《文钞》中曾说：‘世间正神，暂一设拜，亦非不可。若以日夕常同佛一样拜，则亦非宜，是即敬而远之也’《印光大师文钞》三编卷四复桌智立居士书七）。当然，中国人一向重视孝道，祭祖是完全可以的。”

“那我们受戒之后，究竟有哪些利益？”

“受戒是人道的根本，一个人受持五戒，会有无尽的利益。《灌顶经》说：‘我们受持五戒，必感得二十五名善神的护佑’；《月灯三昧经》（卷六）记载，持戒清净者能获得十种利益：

1.满足一切智；2.如佛所学而学；3.智者不毁；4.不退誓愿；5.安住于行；6.弃舍生死；7.慕乐涅槃；8.得无缠心；9.得胜三昧；10.不乏信财。”

“师父，我还有一个问题，就是人在这个工作环境中，很难达到静心，总感觉心浮气躁，这时我该怎么办？”

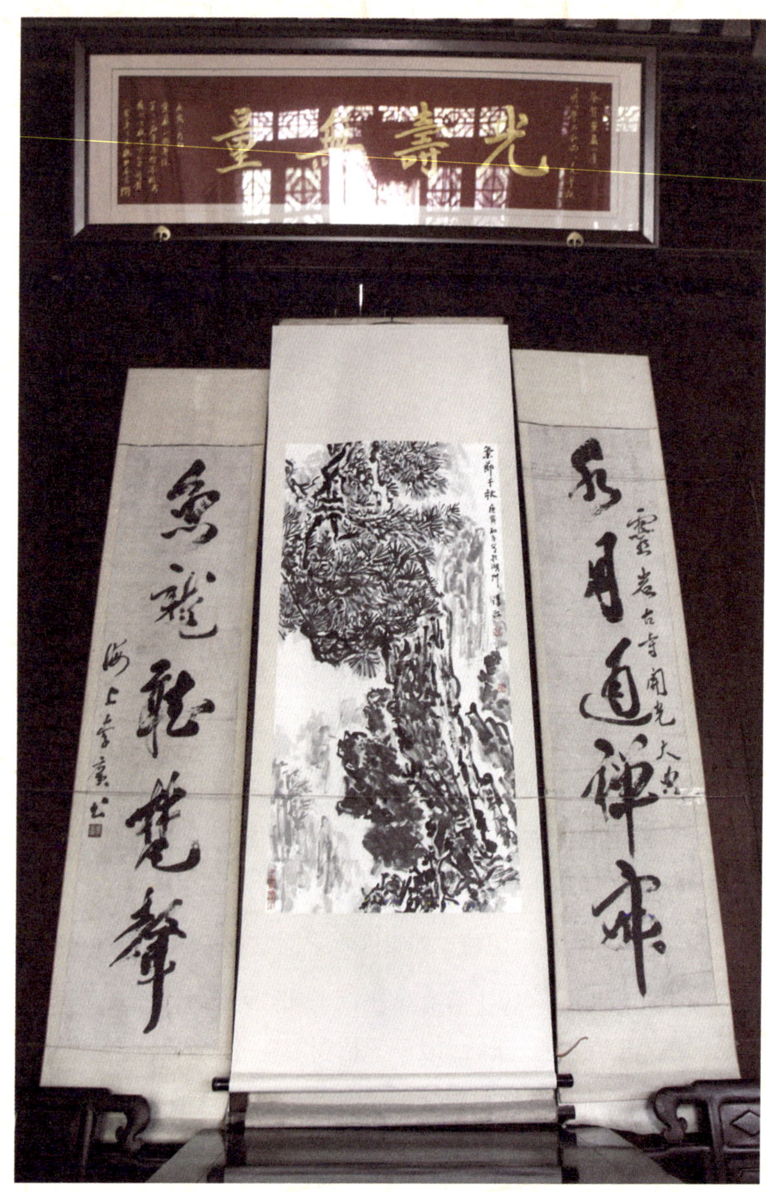

灵岩山寺客堂之二

"如果事务繁多，无法静心，可以按照印光大师的十念法门念佛，也就是早晨起床洗漱后礼佛三拜，正身合掌念南无阿弥陀佛，尽一口气为一念，念至十口气，如此一来，借气摄心，心自不散，就能起到静心的效果。"

"我老是感觉工作太多，做也做不过来，总是感觉时间不够啊。"

"那就放一放，少做一点。"

说到这里，大和尚还讲了个故事。

以前，有位居士，在一座古寺里修行。一段时间后，他心生狐疑，怀疑自己选择学佛是否正确，怀疑自己有没有修行的天分，怀疑是否真能达到佛的境界，他也怀疑寺里的出家人——看他们每天似乎都很悠闲、无所事事，到底有没有在修行、懂得多少道理？

有一天，他走出古寺，看到一头牛被绳子绑在树干旁，牛想要离开，可是挣脱不了，便一直绕圈圈。他心想，可以用这件事当题目来考一考寺里的老师父。

他回古寺找老师父，问："为何团团转？"老师父答："因为绳未断。"他听了吓了一大跳，心想："我看到那头牛被绳子绑住，在那边团团转，但是老师父没出去，为什么知道呢？

老师父看到他表情惊慌，问说："居士，什么事让你这么震惊呢？是不是我答错了？"

"不是，不是，您没答错。只是我所看到的，您应该没看到啊！为什么您能回答出来呢？"

"那你看到什么？"

"我看到一头牛被绳子绑在树干旁，没办法脱离、在那儿团团转，而您没看到，竟然能回答出来。"

老师父笑了笑，说："你问的是'事'，我答的是'理'；一理通就万事彻，事理皆圆融。你说的是那头牛被绳子绑住；我答的是——你的心被'无明'这条绳子绑住，使你在烦恼中团团转。"居士听了，赶快跪地忏悔。

这个故事虽然简单，却说明了"事理圆融"之理。内心无'疑'，心境明明朗朗的，看事情就能看得真切，也才能信受别人所说的道理。事情多了可以先放放，不要被绳子绑住。烦恼都是自找的。

大和尚的智慧尤如醍醐灌顶，甘露洒心，缓缓地流进我的心间。我似有所悟。

灵岩山寺客堂之三

心灵旅程

在这个离天很近离梦很远的地方，不知道佛法的呼唤，还是前世的宿缘，许多人都会跟大和尚邂逅，他的慈悲里透着智慧，有着让人一见倾心的熟悉和感动。

在这个离天很近离梦很远的地方，不知道佛法的呼唤，还是前世的宿缘，许多人都会跟大和尚邂逅，他的慈悲里透着智慧，有着让人一见如故的熟悉和感动。那是个阳光灿烂的中午，大和尚陪我们在香光厅用餐。小餐厅朝南正面供着灵岩三老的画像，中间是印光大师，上书“中兴本寺莲宗十三祖印光大师”，左右是真达法师和妙真法师，上书“中兴本寺真达老和尚”和“中兴本寺妙真老和尚”。一切光影犹如昨天重现，这三位老和尚为了弘扬佛法贡献了毕生的精力，许许多多的众生向他们投来崇敬的目光，他们是净土十方道场的传播者

灵岩三老

和弘扬者。

寂静的寺里，我们的温暖被佛乐点燃，香烟浸透在透明的天空。一句句阿弥陀佛，唤醒着沉沦的世人，远离纷扰。我很喜欢这里的生活，可以不受任何束缚，可以无拘无束地放飞心灵，我真想一生伴佛，奉献自己的所有。然而人生总会有那么多的不如意，要面对的终究要抉择。

大和尚让瑞兆法师安排我们到香光厅的隔壁客房休息，他说这客房是寺里最好的客房，只有贵客才能入住。这是一间老房子，两张床，白色的尼龙蚊帐，床上的被褥叠得整整齐齐，显得简单而洁净。

相信有很多人，都曾经接受过佛乐的沐浴，为一首 “南无阿弥陀佛”的旋律所打动，被一曲“大悲咒”

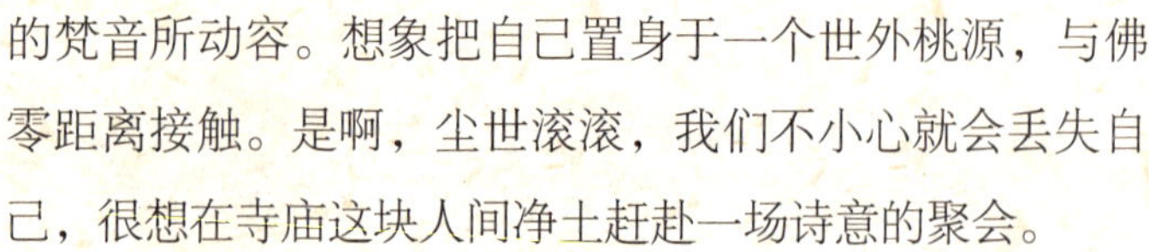

的梵音所动容。想象把自己置身于一个世外桃源，与佛零距离接触。是啊，尘世滚滚，我们不小心就会丢失自己，很想在寺庙这块人间净土赶赴一场诗意的聚会。

暮色很快拉近了灵岩山寺晚课的距离，我恭敬地合上经书，走出屋踱到大殿前的池塘边，看见宝塔下、小桥边、花圃间、走廊里和大雄宝殿前都有三三两两的出家师父在散步。

时间从来都不是静止的，猛然间听到一阵清脆的声音飘过耳边，我知道这是晚课已经开始了，园中漫步的出家师父都早已离去。

大雄宝殿灯火通明，檀香弥漫着整个庙宇，清脆的念佛声由远及近声声不息，不断地唤醒沉沦在轮回里的芸芸众生。我们很想把这世外的天籁之音永恒留住，待到心灵疲惫时取出来疗伤。

庄严的佛像之下，全寺僧众东西站成横排面对中央整体地双手合十站着诵经。此刻的和尚除了一位站在佛像正面前方身披红色袈裟外，都身着宽大飘逸的海青。“海青”是我国汉地僧人的主要常服，它的款式为宽腰阔袖、圆领方襟，比所有衣服都要肥大得多，因此，通常把它叫作大袍、方袍。海青虽然不属于法衣，但除了袈裟以外，当是最圣洁的僧服。海青，大都是在礼诵、听经、会宾、议事以及晋见长老等重要大场合才能穿，这样能显出僧侣的威仪、道风的严谨。

佛香弥漫中的大雄殿

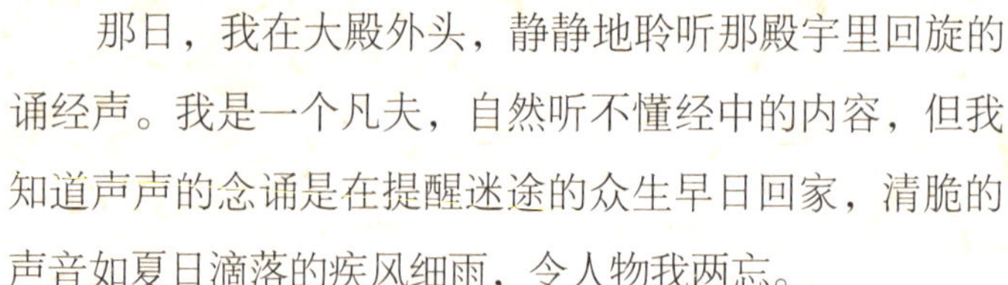

那日，我在大殿外头，静静地聆听那殿宇里回旋的诵经声。我是一个凡夫，自然听不懂经中的内容，但我知道声声的念诵是在提醒迷途的众生早日回家，清脆的声音如夏日滴落的疾风细雨，令人物我两忘。

事后，有一位出家师父告诉我，这是念的《阿弥陀经》，“火烧楞严、流水弥陀”，念《阿弥陀经》讲究的是节奏快，应该不缓不急，历历分明，不间断、不分散，就容易做到事一心不乱。这是一次心灵的旅程，无言可语，无相可形，只有一阵清凉贯穿始终，我甘愿沉醉在不可言说的清净里独享法喜。无论老去多少个时日，这一幕将永远留存在我的记忆深处，当我无助时，我会时刻翻开这些记忆，找寻意外的惊喜，让佛法的意乐填满我的回忆。

大殿里细密的声音突然停止了脚步，静谧得连一根发丝落地都能清晰可辨。此时，一个苍老而悠远的吟哦从大殿里传来，那是一种远古的召唤，舒缓调柔，在广阔的海面上飘然而来。几位手持呗器的出家师父的动作也随着节拍变得舒缓有序，纯净的诵经声引磬声、木鱼声、铃铎声、铙钹声，显得博大而明亮，那时候，真想有一支深情的笔记录下湛蓝的天空、纯净的云朵，以及似梦非梦、从容淡然的觉受。

大殿正中供奉着佛祖释迦牟尼佛坐像，据说佛祖是为了解救众生来到我们这个娑婆世界的，他经历了六年的苦行，在菩提树下经历了七七四十九天，终于悟到。这尊高约六米的佛像，神情慈祥、鼻高、唇厚、目长、颊丰、肩宽，气概雄健，是慈悲和智慧的化身。立于释迦牟尼佛东侧的年老侍者，是佛祖十大著名弟子之一的大迦叶尊者，因常修苦行，而称之为“头陀第一”，是禅宗初祖，名列西天二十八祖之首。佛祖涅槃后，第一次会诵佛教总集《三藏》时，是他召集了众菩萨及罗汉结集经书。立于西侧的年轻侍者为佛祖十大弟子之一的阿难尊者，是佛祖的堂弟， 后跟随佛陀出家，佛陀55岁时，选阿难为常随侍者，当侍者达25年。因为他专注地服侍佛陀，谨记无误佛的一言一语，被称之为“多闻第一”。佛灭度后，他凭记忆把佛祖的话写在贝叶多罗树叶片上，成为最早的贝叶经。他是第一次会诵佛教总集《三藏》的住诵人，对佛教的传播有很大的贡献，佛祖身边，二像虔诚恭敬、拱手而立，把佛祖像烘托得高大威严，表现出“佛光普照”的肃穆气氛。

大殿北壁东面的文殊菩萨顶结五鬓，释迦牟尼佛的左胁侍菩萨，是佛教四大菩萨之一，代表聪明智慧，称之为“大智”。因德才超群，居菩萨之首，故称法王子。西面普贤菩萨，象征着地理、德行的菩萨，称之为“大行”。为佛祖的右胁侍，合称“华严三圣”。大殿背后供奉的是高为五米的观音像，有匾额“普度

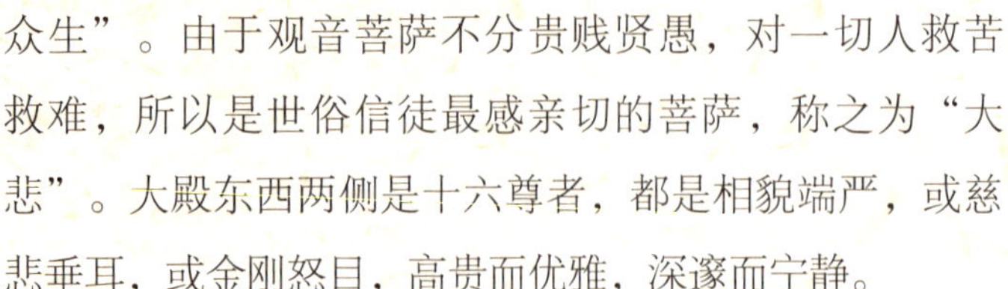

众生”。由于观音菩萨不分贵贱贤愚，对一切人救苦救难，所以是世俗信徒最感亲切的菩萨，称之为“大悲”。大殿东西两侧是十六尊者，都是相貌端严，或慈悲垂耳，或金刚怒目，高贵而优雅，深邃而宁静。

那一夜，灯光柔和得像佛祖流露出的光芒，在诉说世间一切的苦空无常；普贤沉静安详，文殊顾盼注目，观音慈祥端庄，尊者各呈法相，礼赞声、钟鼓声、以及香烟缭绕、自殿顶垂下的幢幡仪仗，使我们不自觉步入不思凡尘的佛国境界。

只有体悟过的人，才会轻易被体悟的过程所打动。倘若没有到过灵岩山寺，便会少了些许美好的记忆，人生因缺少这段故事而显得贫瘠。如今有了这段体验，无论春秋几度，都不曾被岁月带走。念诵完弥陀经后，见一位师父从僧众中列队走出，和着节拍向佛祖谦恭行礼，再前行跪礼，接着从香案上拿起一小钵，另一手做沾水状，然后反复向上向右做洒水状，其动作舒展美观，有一种舞蹈美，令人赏心悦目。礼毕，他再向大佛行礼，向僧众们行礼后踩着钟鼓节奏回到原来的位置，一切如仪而行，有板有眼，平静而和谐。待晚课圆满问师父得知，乃蒙山施食。

端坐在庄严的大殿，面对佛的慈悲，师父们不是想献身艺术，而是想通过对佛祖的礼敬至诚地修行，修掉贪婪与财色诱惑。

对于世俗的人来说，不可能抵制住财色名利的诱惑，所以人们会在因果轮回里辗转，随着物欲横流而漂泊。只有寻求解脱的出家人才会有着强烈的出离心和大悲心，把佛陀的事业演化成一生的使命，一种动力。他们以整个身心，乃至整个生命捍卫这神圣的信仰，追求他们至善至纯的人生境界。

思绪慢慢飞翔，那悦耳的诵经声随着我的思绪延伸到了远方。站在殿门前的批红袈裟的老和尚在礼赞声中向佛跪拜后飘然而去。我也随之轻轻离去，遥远的思绪又被拉回现实。晚课并不因此而中断。

灵岩山寺的早课

只缘身在此山中

欣随谢公屐，重上吴王台。湖山观意态，林木感兴衰。
梵呗断还续，慈乌散复来。柳条见春色，画境逐云开。

出家因缘

佛经上说，佛出世皆因大事因缘，佛不忍心看到娑婆世界的众生在轮回中痛苦，如是循声救苦。应化世间，想必明学大和尚也有着同样的使命，带着佛的使命来与众生结缘？

佛经上说，“诸佛世尊，唯以一大事因缘故，出现于世”。佛不忍心看到娑婆世界的众生在轮回中痛苦，如是循声救苦，应化世间。想必明学大和尚也有着同样的使命，带着佛的旨意来与众生结缘？带着这些问题我向大和尚请教。

1923年2月，明学大和尚诞生在浙江湖州的一个家庭，俗名冯祖慎，和大多人一样有着一个普通的名字。他的父亲在湖州衣裳街开设了书局，有着“小琉璃”之称，同时兼印刷和文具五金的经营，因深谙生意之道，成为当时湖州最具盛名的实业家。因此，他生来便同荣

明学大和尚19岁时的照片

华富贵连在一起。

世间万物都有前因，春天的耕种是为了秋天的收获，今天的修行是为了来日的往生，阳春是为了装点白雪的美丽，沧海是为了桑田的变迁。而明学大和尚却跟其他人走了不一样的路，他是为普度众生而来。他从小天资聪颖的明学，学业优良，是继承父业最好的人选，但他对功名却毫无兴趣，唯独对佛教情有独钟。

佛家讲善根，明学大和尚可能是善根深厚的缘故吧，早在他7岁的时候，就随母亲去杭州灵隐寺烧香礼佛，并且跟随母亲和邻居吃斋念佛，恭敬而虔诚。明学大和尚从小有着一颗菩萨心肠，他生长在国家命途多殁的年代，多年战乱，让他目睹了东洋倭寇横行乡里、烧杀掠夺的累累暴行，更体验到了国民党政府腐败所造成的民不聊生、满目疮痍、哀鸿遍地的种种惨况。他的心非常悲痛，但作为一介书生，又能为国为民做点什么呢？他渐觉前途暗淡，一片茫然。唯有念佛才能祈求国泰民安，用一颗大悲心虔诚地叩拜佛祖，乞求保佑黎民百姓安居乐业。

人一旦有了信仰便会对生活心存期待，明学是一个不轻易许诺的人，却愿意在佛祖面前信誓旦旦地长跪不起。在他的眼里，所有的花草树木都有灵性，所有的山河大地都有许诺，所有的众生都有轮回，每个人都是佛的弟子，每个人都有着纯净纯善的心，而每个人的心里都种着一株菩提。就是这颗菩提心，让明学早已经暗下决心皈依佛门。

明学大和尚25岁时的照片

1947年，自小多愁善感、体弱多病的明学终因身患肺结核，卧床不起，命在旦夕。按医生所嘱，他至少要卧床半年，否则性命难保。身体的病痛，每天折磨着他，一切的荣辱与贫富都变得模糊不清，浮生若梦。此时的明学突发正信，产生了潜心归佛、以求正果的念头。是年八月，明学征得家人同意，并得到真达老和尚的引荐，以居士身份来到灵岩山寺疗养。

初秋的灵岩山，那么的清淡，那么的从容，写满了朝圣者的心愿；木鱼钟磬，香客如织，给那座千年古刹

明学大和尚25岁时的照片

平添了几许凝重和庄严。一踏进这块净土，明学只觉得清风扑面，往日那种因尘世所扰而产生的疲惫与烦恼顿觉荡然无存了，立刻感到心清气爽。

寺庙的生活清澈无尘，使他远离了喧闹的光阴，当时寺院生活异常清苦。他每天除了做功课以外，还要遵守“一日不作，一日不食”的训导。跟出家师父一起出坡劳动，随众下山挑食品等，一天下来，只觉得浑身像散架一样。对于向来养尊处优的明学来说，寺内的生活的确是严峻的考验。虽然很苦很累，但他微笑着，快乐着，时常感觉到人的生命最无常，宛如牵牛花上的露珠，于是更加坚定学佛的信心，竟然忘却了重病在身，在灵岩山的修行没有一天的懈怠，就连上早晚课他比别人认真，苦活脏活更是抢在前头。对于这位聪明勤快、有学识、品行好、悟性高的年轻后学，寺内的执事僧无不露出喜爱之色。半年下来，原本形容枯槁的明学，不仅脸色红润，病情也消失得无影无踪了。

1948年2月，明学悟出了身为苦本的道理，决心出家，修菩萨行，行菩萨道，救度众生，三圣堂真达老和尚被他的宏愿所感动为其剃度。受了三皈，取皈依法名德本。同年3月，他在南京句容宝华山隆昌寺受了最庄严的三坛大戒。在剃度出家后的几年或更长时间，履行受沙弥戒、比丘戒、菩萨戒“三坛大戒”的隆重仪式，在各大丛林都有举行。这些丛林设置有专为佛门弟子传戒的戒堂和戒坛。对于丛林的方丈大和尚来说，称为传戒；对于求戒者来说，称为受戒。宝华山隆昌寺是我国佛门“律宗第一名山”，已历尽1500余年的沧桑，是明、清以来影响最大的传戒道场，盛名海内外，全国有百分之七十的僧尼来此受戒。凡在宝华山受戒，取得隆昌寺戒牒者，走至全国名山、古刹都会受到热忱接待。隆昌寺非但闻名全国，而且在东南亚国家的佛教界也享有盛誉。

他知道世间人事难料，悲喜无常，他有他的使命，为了众生他必须放下自己那些虚无缥缈的富贵，与众生结缘，打开心量以普度众生为己任，严守戒律，精进修持，断除尘世的烦恼和痛苦，一心向佛，以求达湛寂澄清的境界。1949年2月的一天，寺里的香烟漫溢在透明的天空，他背起行囊，不远千里随净持法师去福州舍利院拜访慈舟老法师学戒律，以求断惑证真，返迷归觉。

有人一直追逐着人生幸福的安乐，痴迷于物质享受。而明学自从进入佛门后，就再也没有被世俗的欲望所诱惑，常常忘我精进，毫不懈怠，1956年9月，他去中国佛学院深造，恒常修学，从不间断。三年的时间里，他打下了佛学的坚实基础，回到灵岩山寺后，带领僧众坚持正信修道之风，精进不懈之学风，为后来在灵岩山寺开办佛学院、学僧生活丛林化奠定了基础。

多年来，明学无论走到哪里，他一直心系灵岩山寺，以寺为家，对于这一点，明学颇为自豪地说：“我与灵岩山寺缘分太深，离不开。”直到“文化大革命”期间，他虽被迫下放到天平果园劳动，但他一直想着灵岩山寺。明学那种以灵岩山寺为家，热爱佛教事业及强烈的信仰，在佛教界有口皆碑。

明学大和尚34岁时的照片

遭遇劫难

那一年那一月，僧众一夜之间阔别了修行多年的家园，成了无家可归的游子，明学也没有幸免，他不忍心离开这座寺庙，他一生的希望与故事都交付在这里。那么多的虔诚，都镌刻在这片土地上。

历史是真实的，一场史无前例的“文化大革命”的狂风吹遍了全国每个角落，灵岩山寺也被这阵旋风惊醒，那一年那一月，僧众一夜之间阔别了修行多年的家园，成了无家可归的游子，明学大和尚也没有幸免，他不忍心离开这座寺庙，他一生的希望与故事都交付在这里，那么多的虔诚，都镌刻在这片土地上。离开了灵岩山寺，还会是僧人吗？一切都恍惚如梦，他却要被迫接受这种现实。

1966年，红卫兵们冲进了灵岩山寺，强迫僧人收缴公私财物及法器等宗教用品，这远远不够，还把藏经楼上的经书悉数从窗子扔下去，楼下堆满得数尺高，幸亏半个月没有下一场雨，那些经书才得以保存。明学大和尚收拾一下心情，将经书一本本地进行了整理。他知道这些都是佛子的依归处，他要用生命去保护它，这是他

明学大和尚45岁时照片

义不容辞的责任。为了减少损失，明学大和尚将大部分的精品文物精品交管委会代为保管，对所有碑刻都用纸筋石灰覆盖。藏经楼上珍藏着历代版本的经书47000余册，各种版本的大藏经计10种，有《宋碛砂藏》、《元普宁藏》、《明嘉兴藏》、《南藏》、《北藏》、《清龙藏》、《日本弘教藏》、《大正藏》、《续藏》、《民国频伽藏》，另外还有新印的《中华大藏经》。其中属国家文物善本藏经达2万多册，元普宁藏的1000多册更是世界孤本。

那一年，明学大和尚还是一个灵岩山寺的监院，为一寺之监督，即负责协助方丈或监管理寺院之事务，有权指挥一切行政事宜，俗名当家。同样，他被划为重点改造对象。

1970年2月，他跟其他僧人一样被下放到一个叫天平山果园的农场。他不知道未来的路该怎样走，也不知道这个农场会与寺庙有什么关联，还能不能重新回到他梦魂缠绕的寺庙，一切都是那么的陌生，他感叹人生的无常。

一同下放并在农场劳动的还有性空、净持两位同参。这好像是个暗无天日的改造场，每天几乎都没时间休息，搬石头，挑砖头，来回穿梭，有时候一小时需要挑20～30担的水。日子在一天天地继续，很多人望着西天的夕阳，怅然若失，惆怅备至，他们不知道这样的日

子还会持续多久，什么时候才是苦难的尽头。但明学大和尚相信，许多的真相会随着时光的流转，尘封在历史的尘泥中，阳光总有一天会透过阴霾露出笑脸，他很坚定自信，总是在空地上画圈，设计未来，如果有一天重新恢复寺庙，该怎么做？怎么管理？怎么发展？

“人能弘道，非道弘人”。培养年轻僧才和道风是关键。明学始终认为，希望在成熟的一刹那，会瓜熟蒂落，抱着这个希望，他没有气馁，他明白再灰暗的日子总会被时间所抛去。

他告诉大家，一定要做好准备，总有一天大家都能重返灵岩山寺，天空的阴霾终会散去，阳光终会普照大地。没有准备好的话，当真的来了的时候就会手忙脚乱。但很多人都笑他是痴心妄想，但他不在乎，淡定与智慧写满了他的人生。

对于灵岩山寺来说，明学大和尚有着宿命般的眷恋，相信今生的所求之愿，一定会得意圆满，跌宕起伏的命运，总会受到佛祖的垂怜。

明学大和尚51岁时照片

重回灵岩

欣随谢公屐，重上吴王台。湖山观意态，
林木感兴衰。梵呗断还续，慈乌散复来。
柳条见春色，画境逐云开。

星转斗移，流年日深。历史的章节很快被改写。

1979年的秋天，对于明学大和尚来说是一个喜悦的日子，为落实党和国家的宗教政策，赵朴初到灵岩山考察，由当时的苏州书画家谢孝思陪同，年逾古稀的赵朴初居士有感于灵岩山寺后，即兴赋诗一首。

欣随谢公屐，重上吴王台。
湖山观意态，林木感兴衰。
梵呗断还续，慈乌散复来。
柳条见春色，画境逐云开。

蜿蜒崎岖的山路见证了灵岩山寺多年来所受的创伤，漫漫长夜郁结于心的愁恨而今自由释放。赵朴初淡定地说，宗教从产生到消亡，是一个很长的历史过程，是不以人们的主观意志为转移的，全世界有三分之二的人信仰宗教，因此说宗教有它的长期性、群众性、民族性，还有它的国际性和复杂性。我们国家宪法规定人民有信仰宗教的自由和不信仰宗教的自由。国家法律保护信仰宗教的群众，宗教工作要与社会主义相适应，宗教可以为社会主义社会服务。

可以说，当时的宗教工作人员是心有余悸的，赵朴初还亲自向苏州市领导建议，有条件地落实党的宗教政策，要先走一步。

1979年时的明学大和尚

1979年时的明学大和尚

于是市领导决定，自1980年1月1日起灵岩山寺、西园寺、寒山寺三座寺庙由园林系统交还给宗教团体管理并发出文件，这是苏州市落实党的宗教政策的第一个文件，对全国产生了非常大的影响。

此时正在天平山果园“改教务农”的明学和净持法师听到这个消息时，兴奋得几乎一夜没有合眼。“文化大革命”之后，宗教政策得到了落实，明学大和尚经过了洗礼，带着一种不安、一种对未来的迷茫和期待，如释重负地回到了灵岩山寺。

经历了沧海桑田、人世变迁的明学，又重新回到了灵岩山寺，感觉好像回到了母亲的怀抱。破旧的庙宇，空无一人。对于这座寺庙太过平常，并无多少绮丽的风光，但在明学大和尚眼里，寺庙的每寸地方都是那么的

观音洞群像

亲切而熟悉，每尊佛像依然还在等待和迎送，每株草木都在诉说过去的一段故事，多少修行的日子都散乱成烟，他还能从岁月遗留的细碎痕迹中找到些什么……

荒凉的庙宇，残垣的墙壁，满院的杂草，到处是破败不堪的景象，十年浩劫，灵岩山寺仿佛做了一场噩梦，大量的佛像佛经被烧，印光塔院被毁，僧众逐尽。这难道就是明学多年梦回缠绕的故土？

重修灵岩山寺，恢复道场。明学长吁了一口气，最终下定了决心，他知道这个愿力一出，就是一个不可推卸的责任，但单凭他一个人的能力谈何容易？他暗暗祈祷佛祖的加持，给他勇气和力量。

灵岩山寺在历史上经历了几次劫难，几经沉浮，现在修复的重任又落到了明学手中，如何修缮，恢复庙宇继续弘扬净土？面临林林总总的问题，他食不甘味，辗转难眠。他不知道前行的路该怎样走……

1982年时的明学大和尚，时年60岁

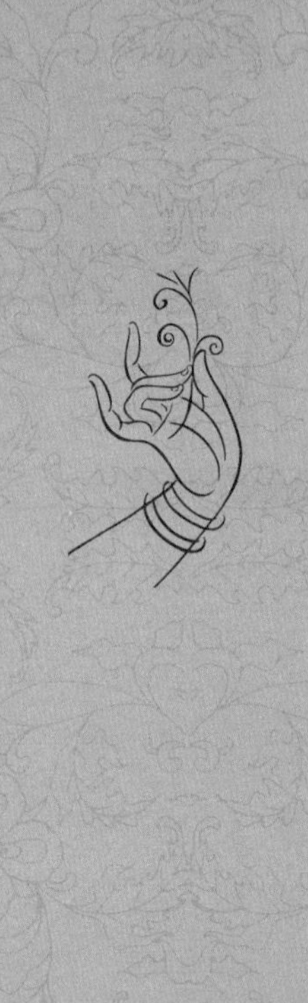

第三卷

多少云烟成旧梦

历史历久弥新，灵岩山与佛教的缘分有太多的传说，烟火中弥漫着感伤与希望。翻开《苏州灵岩山志》，沧桑的故事将其侵染。

暮色下的灵岩山寺，像一个衣服褴褛的老人经历了世事的风雨后变得沉默寡言。带着与世无争的寡淡与清愁，是那么的从容，又是那么的无辜。

暮色下的灵岩山寺，像一个衣服褴褛的老人经历了世事的风雨后变得沉默寡言。带着与世无争的寡淡与清愁，是那么的从容，又是那么的无辜。这是一座赋予了传奇色彩的寺庙，不仅封存了千年的传说，也记录了昨天的故事。

在那个满目疮痍的土地上，即使暂且能忘却烦恼，也掩盖不了历史弥留的痕迹。一场旷日持久的战争——吴越争霸，留下了一段凄美的回忆。那是在公元前494年，吴越交战，越国大败，被迫求和，越王勾践和大夫范蠡入吴充当人质，居住在石室之中，为吴王养马驾车，卑躬屈膝。赢得吴王信赖，三年后终被赦归，为了报此大仇，越王卧薪尝胆，献美女郑旦和西施服务于吴，以美女惑其心乱其谋，吴王心花怒放，不能自持，迷惑得众叛亲离，无心国事。几年后郑旦郁郁寡欢而死，夫差专宠西施一人，在这灵岩山上吴王耗巨资建宫殿，宫中金银雕镂、珠玉镶嵌，奢华之状无以复加。四时有不谢之花，八节有长春之景。早已不理朝政，任凭满朝文武的忠言逆耳，也难将吴王从燕舞莺歌中唤醒，整日与西施坐卧对饮，日则饱览山色。

历史就是一场游戏，当你不遵守游戏规则的时候，就会被其规则所伤。吴王夫差的醉生梦死，必将把自己送往断头台。公元476年，经过了“十年生聚、十年教训”的越国终于东山再起，大举伐吴，国力强弩之末的吴国早已不堪一击，溃不成军，走投无路的夫差悔之晚矣，只有伏剑自尽“以谢天下”。历史终将成空，一代枭雄也将云飞烟灭，只留下灵岩山的玩花池作为千古见证。

历史真会开玩笑，两千年前这里还是一座吴宫荒淫之城，而今却是净业道场。历经了沧海桑田、人世变迁的灵岩山，地不改辟，而秽净攸分，真是历史的大制作、大幽默。

历史的奇遇总是巧合，就在吴越争霸的同时，也就是2500多年以前，东、西方几乎同时诞生了影响世界的大思想家，孔子、老子和古印度的释迦牟尼佛。这三位圣人几乎出现在同一时代，时间上相同，年龄有所差距，空间有所距离。前两位是土生土长的中国人，创立了儒家文化和道家学说，这两种文化交相辉映，谱写了中华文明的主旋律。后一位是古印度的迦毗罗卫国（今尼泊尔境内）王子所创，他的名字叫悉达多，因他属于释迦族，人们又称他为释迦牟尼，意思是释迦族的圣人。是他创立了佛教，他的思想犹如太阳普照，纵横跌宕，且以水滴石穿之力，融入中华名族文化胸阔的大江之中，使东方文化耀射出更加绚丽的辉煌。

多宝佛塔下的佛影

佛教自西向东传入中国，关于流传的年代，流传最广的版本是赵朴初老居士所编著的《佛教史略》中的记载：“明帝永平十年（67年）明帝夜梦金人飞行殿庭，明晨问于群臣。太史傅毅答说：西方大圣人，其名曰佛；陛下所梦恐怕就是他。帝就派遣中郎将蔡愔等十八人去西域，访求佛道。蔡愔等于西域遇竺法兰、摄摩腾两人，并得佛像经卷，用白马驮着共还洛阳。帝特为建立精舍给他们居住，称做白马寺。于是摄摩腾与竺法兰在寺里译出《四十二章经》。这几乎是汉地佛教初传的普遍说法，也为我国历史教科书所采用。”

历史的长河辽阔无边，起起伏伏风风雨雨，要不是佛教的博大精深有着很强的穿透力，是很难扎根于中国的这片土地，最终进入了中国的主流文化的。

佛教的兴盛是从隋唐开始的，自那时起开始分宗立派，三论宗、华严宗、净土宗、天台宗、贤首宗、律宗、唯识宗、密宗、禅宗异彩纷呈，魅力四射。然而，“一花开五叶，结果自然成”。当智慧的花瓣盛开之后，显示出了自然的觉悟成就。那就是禅宗和净土宗的广泛流传。

在佛门各宗中，净土以一句“阿弥陀佛”的方便法门，仰仗佛力，带业往生。所以，千百年来，在善男信女中流传较广。净土宗之所以能够持久不衰受到广大善信者的青睐，答案在于“方便”“究竟”“稳当”。很多大德都总结为“般若为导，净土为归”，印光大师也一直提倡净土法门，灵岩山也因为与印光大师的缘分，而成为广大净土善信中的净土道场。灵岩山也才能在东南亚名胜的声誉中更透出一圈圈神圣的灵光。

历史历久弥新，灵岩山与佛教的缘分有太多的传说，烟火中弥漫着感伤与希望。翻开《苏州灵岩山志》，沧桑的故事将其侵染。

那是在魏晋南北朝时期，佛教在我国迅速发扬，朝廷的当权者大部分都信仰佛教，他们提倡佛寺的建造要奢华，舍宅为寺亦成为当时贵族缙绅的时髦之举。晋朝的功臣司空陆玩就是将自己在灵岩山的园宅捐赠给佛门。现在灵岩山寺里还建有陆玩祠，供其木主以纪念。今灵岩山下的陆家村、木渎南边的陆家场据说都与陆玩有关。

“不识庐山真面目，只缘身在此山中”。灵岩山与佛教的渊源很深，很难有人相信从梁武帝开始便有着一些因缘。那个时期，灵岩山寺得到了进一步的扩建。南朝的历代皇帝都把自己的心交给了佛陀，虔诚地顶礼，沐浴佛光的普照。尤为突出的是梁武帝萧衍，他几乎是半个出家人，多次舍身入寺，亲受佛戒，严守清规，每次都有群臣聚钱巨额将他赎回。帝王的倡导，使佛寺身价倍增，梁朝也就成为南朝佛教最盛行的时期。

武帝天监二年，灵岩山寺的香火续写着佛教鼎盛的篇章，那时灵岩山寺全面进行了整修，改寺名为秀峰寺。天监中，有一神奇的僧人托钵在廊殿里休息，高大的身材，黄而黝黑的面容。长相有些古怪，半夜起来后，拿起毛笔为自己画了一幅像扬长而去，有一位僧人见到这幅画像后，惊叹道：“此西土智积菩萨像，怎会在此！”智积菩萨又称为辩积菩萨，密号巧辩金刚、宝慧金刚，随从多宝如来同至法华会上的菩萨。据《法华经·提婆达多品》所载，智积菩萨由下方多宝佛之国土，来娑婆世界，于法华会上，与文殊菩萨议论女人成佛一事。此外，智积菩萨也是贤劫十六尊之一。

消息不胫而走，原本热闹的灵岩山更增加了一些神秘的色彩，全国各地的来观者，皈依者如汹涌的潮水般涌来。朝廷赐额“智积菩萨显化道场”。自此，灵岩山寺逐渐成为名闻全国的大丛林，智积亦被视为灵岩山寺的开山鼻祖。

灵岩山寺的岁月走过了一段跌宕而喜悦的历程，到唐代，秀峰寺才被称之为灵岩山寺，以信封律宗为法要，一直延续到会昌五年被毁。据《灵岩山志》记载，北宋元丰年间灵岩山寺又被辟为禅院，圆照禅师晚年曾在此住持。南宋绍兴二十七年时，此寺赐给蕲王韩世忠，改称显亲崇报禅寺。明洪武初赐额报国永祚禅寺。清弘治年间一场大火，寺院全毁，仅存建于南宋的一座宝塔。

顺治六年弘储和尚逐步修建，赐名崇报禅寺，弘储和尚是参与“吴越义师”的爱国佛教徒，顾炎武等人纷纷至此共商抗清大事。咸丰十年，整个寺院除宝塔外全部毁于兵燹，后念诚法师苦守于塔身之中，幸得资助，造十余间小屋，以期逐步复兴。

灵岩山寺的菜园子

尽管灵岩山寺几经沉浮，几度荣枯，如同一场梦，矗立在凉风的窗前。但总会回到生命的本原。宣统二年，寺庙开始复兴，民国初年（1911年），木渎镇绅士严良灿，到上海找到真达和尚，请他出面接管，真达找了一位明煦法师住在寺中看守。 到了民国十五年（1926年），真达请上海戒尘法师出任住持。真达法师秉承印光大师创办十方专修净土道场的意旨，改禅宗为净土宗，寺名崇教寺。遵照印光大师订立的寺规，除打佛七外，不应酬一切佛事，只常年念佛。寺内本着“一日不休、一日不食”的精神，发扬百丈祖师的农禅家风，种田100余亩，粮食、蔬菜、柴草自给有余。于是四方净侣闻风云集。1932年印光大师题额，恢复灵岩寺旧称。从此得到大规模发展，灵岩净土宗风为之一振，成为东南著名丛林。印光大师圆寂后，住持妙真法师以毕生精力使灵岩山寺名播海内外。“十年浩劫”寺中佛像被砸，法器遭毁，僧人被逐，东南名刹经历了一场梦魇。

1980年元旦，被风雨刀剑割伤的灵岩山寺重新回到了僧人的手里，赵朴初题额，名灵岩山寺。自此，灵岩山寺不再遵守凡尘的规则，梵呗还续，慈鸟复来。谁来为灵岩山寺疗伤？1981年冬，明学大和尚被推举为灵岩山寺方丈，他想做真正的勇士，把寺庙进行全面整修。传承祖师的遗训，荷担如来家业。

望佛来

清心

明学大和尚简记

筹款修寺

对于一个没有信仰的人来说，无论如何也无法理解信仰在明学心里的位置是多么的重要，对于他来说佛是神圣不可侵犯的。

对于一个没有信仰的人来说，无论如何也无法理解信仰在明学法师心里的位置是多么的重要，对于他来说佛是神圣不可侵犯的，是他此生精神永久的寄托，在他的虔诚面前，我们的高贵显得那么的卑微。面对满目疮痍的灵岩山寺，一片狼藉的景象，令人不寒而栗，昔日清净的道场，如今成了堆放杂物的仓库，寺内早已人去楼空。但明学大和尚有着信仰做支撑，没有为难发愁，虽然也经历了无数个不眠之夜，但那些对于自己的信仰，对于修复灵岩山寺的决心来说还是微不足道的，他已经习惯了这种“苦行”，责任重于泰山。

“天将降大任于斯人也，必先苦其心志，劳其筋骨……”

修缮寺庙的重担自然由明学法师一肩挑。道场需要振兴，需要青年佛子，而这时的僧众早已在10年前走的走，散的散，哪里来的僧众呢？也许我们知道，只要佛

明学大和尚在寺中留念

法不断，宏传的故事就会一直延续。一段故事的结束，意味着新的故事的开始。明学找出所有僧众的名单，一一发电报，打电话，尽量把一个个的希望找回来。但时过境迁，岁月根本经不起反复，经过了10年的流年，当初给下放的156位僧众，除了净持、明学、道安陆续回来，大部分还俗或者结婚，最终回来了56个人。

迷茫之际，明学开始有些矛盾，眼下僧众虽然回来了不多，但吃住都是问题，该怎么办？尽快恢复修缮刻不容缓，可资金、人员该如何落实？

那些日子，明学苦思冥想修缮寺庙的方案，奔走相告，到处筹集资金。或许是佛力加倍，正处于心力交瘁的筹款过程中的明学大和尚，得到了赵朴初老居士的支持，赵朴初居士说美籍华人应行久夫人金玉堂乐善好施，愿意资助恢复灵岩山道场。且东南亚喜欢千佛殿，拜一次佛等于拜一千次佛，于是明学大和尚就在钟楼下增设了千佛殿。

为了感谢应行久及夫人金玉堂的布施行为，赵朴初居士建议给他们建一方功德碑。根据赵朴初居士的意思，由明学大和尚先行起草。于1980年送给在苏州的朴老审阅。由于对灵岩山寺历史熟悉、赵朴初居士佛学渊博、亲自逐字修改，遂成《重修灵岩山寺功德碑记》。这次共收到应行久夫人金玉堂的捐款共计人民币103896元，居功德之首。

收到了第一批善款，明学大和尚的第一个计划是先修复被毁的殿堂和重新雕塑佛像。他不顾年老体弱，身体力行，同僧众一起同吃同住同劳动，经常睡在禅凳上。他用善款和寺内仅有的积蓄用于修复大雄宝殿及各殿堂。每动用一分钱他都要亲自过问。为此，有人不解，明学大和尚却说："我是庙大穷和尚，每一分钱都要用在刀刃上。"在他的严格把关下，这些钱不仅完成了重塑佛像所需，也满足了寺内房屋、桌椅维修的费用。

佛在《广戒经》中云："所谓实福者，有大果、大利、大威严、广大义，若善男子、善女人，是行、是坐、是卧、其善根恒时增长。何人建造经堂，乃为七种实福之首。"明学尊法旨修复寺庙并非为了自己获取功德，更多的是为了弘法利生。

作为一个虔诚的佛子，明学大和尚为了佛教的事业为了灵岩山寺，他做每一份工作都无怨无悔。在修缮文物的时候，明学大和尚可谓呕心沥血。他收集的七块宋代残碑镶嵌在净念轩的南墙上，有绍兴五年的观音像两块，有景定四年的"治蝗虫事"记载，那是他在山下发现后叫农民抬上来的，有宣和年间的"舍庄田记"——还有两块碑是明万历年间和正德年间的。

1983年，明学大和尚在院子的泥地里发现一块砖雕"古松影壁"，砖雕上有"大业知事丁士英管造"之样，"大"字前还有一个残字，只存竖勾一笔。"大

业”是年号名，前一字应为朝代名，而历朝中只有隋、明、清三字最后一笔是竖勾。经他翻阅了大量的资料发现，明清两朝没有“大业”年号，因此，明学大和尚得出结论，此砖雕应为隋朝遗物，最起码那是一块隋砖，弥足珍贵。于是，就进行了精心的收藏。灵岩山寺至今保存着自宋、元、明、清至近代共74种计174块石碑，其中有的完整，有的残缺，反映了千年古刹灵岩山寺的历史沿革及历代名人事迹，都是佛教文化的瑰宝。

灵岩山寺是一座很神奇的寺庙，这里的一草一木、一尘一土，都在岁月里留下了印记。始建于南朝梁天监二年的多宝佛塔，为七级八面、砖木结构的楼阁式宝塔，明万历二十八年塔遭雷击，仅剩高约33米砖砌塔身。历史追溯到1940年，当时时任主持的妙真老和尚发起重修古塔的宏愿，可这宏愿带着化不开的抑郁随着抗日战争而去。1957年该塔列为江苏省第二批文化保护单位名单。明学大和尚为继妙真法师之遗愿，保护好这一文物，提出了重修宝塔的新设想，得到了政府有关部门的支持。国内外信众的布施，让明学大和尚增添了更大的力量，1989年6月该塔已经正式动工修建。

积聚在明学心里多年的弘佛热情，一旦被点燃便控制不住它熊熊地燃烧，尽情地释放。他白天黑夜没有一点懈怠，每根木料每块瓦都亲自把关。那时，他甚至忘记自己已经是67岁的人了，劳累不时纠缠着他，他还是

灵岩山寺多宝佛塔

那么坚定，每天义无反顾地爬上50米的脚手架，指指点点，查看工程质量。终于在1990年10月，历时一年多，耗资90余万元，完成了修塔的使命。佛最终不会辜负那些虔诚的佛子，明学大和尚未让政府出一分钱就宣布修塔工程告竣，经验收后每道工序均为优异。重修后的多宝塔凝重而庄严，铁刹铜铃，翼角似飞，石雕栏杆，巍峨壮观，宋塔古风得以重现，成为灵岩山寺的标志。

随着信众的增多，大和尚仿佛有着更多的力量，他知道这是一种使命，为了渴望解脱的众生，他必须勇往直前。大和尚正是以这种思想境界赢得了佛教界的一致赞誉。1995年，他被授予"苏州市文物保护先进工作者"，受到了党和政府以及佛教界的充分肯定。

1983年9月2日，山色异常的美丽，整个寺庙好像镀上了一层酡红色，像是饮醉了的朝霞。这是一个最难忘的日子，灵岩山寺举行了庄严隆重的重塑佛像和重修印光大师舍利塔开光及舍利入塔仪式。历时近四年的打磨，重修后的灵岩山寺殿宇壮观，宝相庄严，僧众云集，一派繁荣兴旺。有关领导、高僧大德、四众弟子等300余人参加了这一盛会。随着最后一声钟声，灵岩山寺崭新的历史篇章被掀开了。

庙产风波

岁月总会不经意给我们留下一些谜，谁又会是那个解谜底的人？正因为那么多的谜没有谜底，才会渴望遇到那个帮我们解开谜底的人。

岁月总会不经意给我们留下一些谜，谁又会是那个解谜底的人？正因为那么多的谜没有谜底，才会渴望遇到那个帮我们解开谜底的人。多少恍惚的世事沉入时光的湖底，历史偶尔会激荡出圈圈涟漪。改革开放后，灵岩寺得到了政府的大力支持，尤其是赵朴初老人家的特殊关怀，加上明学法师和全体僧众自身的不断努力，寺院渐渐恢复了以往的气息，僧人开始增多，信众开始陆续上山，弘法利生事业也日益广大，各种寺庙的修缮工作也相继进行。

在灵岩山这个圣地，天蓝水美，绿茵扶持，信众

山路边上的文字

在这片刚被修补的寺庙里虔诚礼佛，享受着大自然给予的宁静时光。“文革”后的中国发生了翻天覆地的变化，但民国初年袁世凯对佛教的打击所遗留下来的创伤不寒而栗。不堪回首的历史历历在目，当时，实行“庙产兴学”，倡导者主要想把佛教看成是中国现代化过程中无用的“迷信”，实质上是一场借助政府力量强制推行的佛教世俗化运动。虽然没有取得“新文化运动”彻底“打倒孔家店”那样的社会效应，但把汉传佛教千百年以来形成的丛林制度搞“瘫痪”了，汉传佛教经过这场“整风”运动的折腾，好像泛在新时代洪涛中一叶轻舟，随着时代的急浪奔涛。北伐以后冯玉祥驱逐僧尼，掠夺寺产，唐生智枪杀僧徒，以及邰爽秋庙产兴学运动，种种迫害与排斥，层出不穷。使佛教于精神上受尽折磨与困扰，物质上所受损失更是无法估计。灵岩山寺也无法幸免那场运动的魔爪。庙产被颁布法令收归国有。

面对这一历史的遗留问题，明学大和尚的心异常的沉重，平淡的日子，再次被蒙上了阴影。难道灵岩山寺命中注定要遭受多劫？他想跟命运相抗争，不屈服历史所安排的这些章节，也不想成为被摆布的棋子，他有选择黑白的权利。

没有谁可以预测到未来，就像当初无法预料到这个清净的道场会面临很多的创伤。面对外来的冲击，明学显得那么势单力薄，但跪拜佛祖的时候，信心又是那么的坚定，他知道佛祖给予了其艰辛的使命，他不想把寺庙变成名利场，做他人的奴隶，这样违背了佛的本意，

灵岩山寺寺门

原本清净的传承就会被黑暗所阻断，道场也会失去了传法的声音。他清楚地知道这座千年古刹，自印光大师开辟净土法门以来，历经真达、妙真再交给他的手中，遭受了多少磨难，此时他的内心深处有着凝重的忧思。他不想灵岩山寺的传承在他手里断掉，那他就成了千古罪人。

但看花容易绣花难，想收回寺庙的困难不是可以用说说就可以解决问题的，只有经历过的人才理解那时候的焦虑和困境。他辗转难眠，整夜无法入睡，他知道他是要解决螳臂当车的问题。一个僧人能做的就是维护佛法的清净，一个僧人能做的就是使佛法顺利地传承，无论在这个维护的过程中付出怎样的代价，无论在这场权力的交易中，是否遭到不测，为了佛法的事业他依然会奋不顾身，宁愿舍弃自己的生命，也在所不惜。

佛最终被明学大和尚的誓言所感动，如此坚定的信心，千佛都会为之赞叹，洒下甘露，伸出援手来护佑那些为佛法献身的佛子。经过了两年多旷日持久的努力，誓言最终兑现，而没有变成泡影，昨天的故事已经结束，看浮世倒影，依旧感慨万千。经历了这件事后，就像给一间黑暗的闭室带去了一缕希望的阳光，灵岩山寺也慢慢恢复了往日的笑容。

第四卷

思量祖师传道苦

他以坚忍不拔的毅力致力于弘扬净土，言传身教，以身作则，领众常时熏修，几十年如一日，从而使灵岩山寺道风丕振，常住兴旺。在灵岩道风的召感之下，慕名而来的僧人越来越多。

恪守祖训

无论老去多少华年，我们始终能记住泛黄的昨天，灵岩山寺像一本书，翻开每一页都记载着岁月的印记，也留存着奉佛闻法的温度。

路途艰辛，困难重重，明学跟灵岩山寺一样，经历了一段前所未有的遭遇。自任灵岩山寺的住持以来，也值遇人们观念最活跃的时期，各种不同的思想观点接踵而至，就灵岩山寺的发展问题，有人建议开发馆娃宫，有人建议建设成旅游名山。可明学大和尚的向佛之心任何人都无法撼动，而且愈加坚定。他认为，灵岩山寺作为我国著名的念佛道场，名闻遐迩，必须要秉承印光大师、真达、妙真几位大和尚的遗愿，办成清净的念佛道场，不要成为敛财的工具，发展旅游经济而不重视道场的净业，是舍本逐末、人所不齿的做法。他的想法得到了全寺僧人的集体赞成。

无论老去多少华年，我们始终能记住泛黄的昨天，灵岩山寺像一本书，翻开每一页都记载着岁月的印记，也留存着奉佛闻法的温度。历史追溯到1700年前，自东晋司空陆玩舍宅为寺到南朝扩建为秀峰寺。从天监十五年到智积菩萨显化道场，到为后来灵岩山寺成为全国有名的大丛林奠定了基础。

“昔人已乘黄鹤去，此地空余黄鹤楼，黄鹤一去不复返，白云千载空悠悠……”历任祖师虽都已经纷纷驾鹤西去，灵岩山寺也在凄美的历史中经历着风雨激荡。

在战乱年代，真达老和尚预见时机成熟，便把当时在报国寺闭关的印光大师请出来，到灵岩山寺住持。这位卓绝的大师学问道德与妙相庄严的宝刹交相辉映，使灵岩山寺成了全国闻名的净土道场，灵岩净土宗风像一缕温暖的阳光，照遍了每个渴望回家的佛子。

佛经上讲：“人有生老病死的循环，宇宙有成住坏空的规律。”没有人有着永恒的生命，即便是佛也不能违背因果。1940年11月4日，一代高僧印光大师，预知时至，于大众念佛声中，安详西去。留给了后人最珍贵的《印光法师文钞》和灵岩山寺的五条规约。妙真法师在印光大师生西后，始终不渝地坚守五条规约，把灵岩山寺的净土宗风，一直坚持到了“文化大革命”。

这五条规约是：

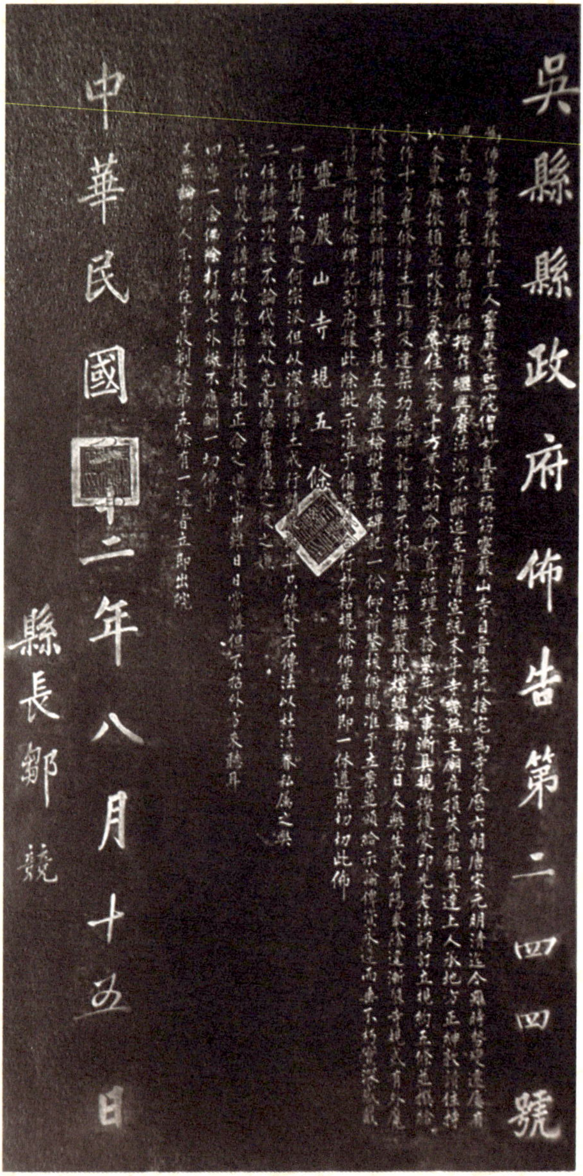

吳縣縣政府佈告第二四四號

靈巖山寺規五條

中華民國十二年八月十五日

縣長鄒競

保存完好的《灵岩山寺规五条》碑文

一、住持不论是何宗派，但以深信净土，戒行精严为准，只传贤，不传法，以杜法眷私属之弊。

二、住持论次数，不论代数，以免高德居庸德之后之嫌。

三、不传戒，不讲经，以免招摇扰乱正念之嫌。堂中虽日日常讲，但不招外方来听耳。

四、专一念佛，除打佛七外，概不应酬一切佛事。

五、无论何人不得在寺收剃徒弟。

五条有一违者，立即出院。

这看似平常的五条规约，却凝聚着印光大师博大的智慧。它是佛教丛林弊病的良方，也是起死回生的良药。依照五条规约的民主作风，也是灵岩山寺成为国内著名修行道场的重要原因所在。1933年，灵岩山寺呈报县政府备案并刻碑的就是这五条规约。这五条规约是灵岩山寺的指导纲领和灵魂，是印光大师继承十方丛林制度的优良传统，针对消除当时佛门滥收徒、滥传戒和滥做经忏佛事的弊病而制定的。

过去终将成为历史，而翻开灵岩山寺新的一页，路该怎么走？明学法师是任重而道远。俗话说：“宁带一千兵，不带一百僧。”指的是出家人云游八方，四海为家，且教内有派、派内有别，要规范他们的言行是件很不容易的事。无奈之际，他只好向祖师们发出迷茫的追问。

作为全江苏最大的寺庙住持，明学法师心中十分明白，要重振十方专修净土道场雄风，必须追随先贤祖师们的脚印，厘定寺中规约。那是一段焦脆的时光，繁杂的思绪缠绕着明学大和尚很多个日日夜夜，经较长时间酝酿，并经执事会和全体僧众反复讨论，1981年，灵岩山寺诞生了《共住规约》这一寺规。《规约》不仅继承了当年印光、真达两位大和尚商订的五条寺规精神，而且还结合新情况，博采众长，赋予了许多新内容，得到了中国佛教协会会长赵朴初的充分肯定。1983年中国佛教协会《共住规约通则》中，许多内容也是吸纳了灵岩山寺的做法。清规的建立，对于进一步规范僧众笃实修持，三业清净，安身进道的言行，发挥了较好的作用。

明学大和尚清醒地认识到，要想清理道风，肃整道场，继承和发扬净土事业，就不能违背佛的旨意，必须谨记印光大师"一心念佛"的教诲，创造信、愿、行三者的修持条件是他义不容辞的使命。无论条件多么艰苦，也无论遇到什么困难，他坚定的向佛之心让他不回头。经过了半年多的抢修，灵岩山寺的念佛堂带着明学大和尚的信念恢复了启用，僧众也恢复了"一日不作，一日不食"的禅院生活。

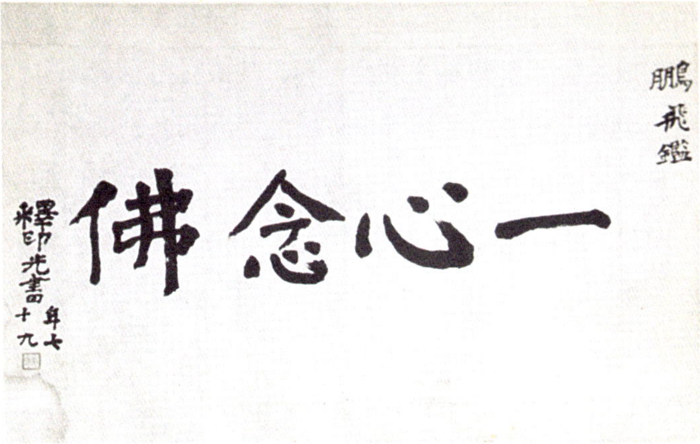

为了使僧众专心修学，一心念佛，明学大和尚还成立了灵岩山服务部，将原来出家人从事的各种服务性工作交给那些聘用的工作人员去做，卸掉出家人事务性的包袱，专心走上解脱之路。他不仅自己恪守规矩，还要求全寺僧众必须按照印光大师和真达大和尚商定的五条规约要求自己，奠定了“十方丛林”的基础。

“人能弘道，非道弘人”，明学大和尚对历代祖师是忠实的，他不会违背传承祖师们的遗愿，精进修持，广利群生。他以坚忍不拔的毅力致力于弘扬净土，言传身教，以身作则，领众常时熏修，几十年如一日，从而使灵岩山寺道风丕振，常住兴旺。在灵岩道风的召感之下，慕名而来的僧人越来越多。他们受到净土道场纯正道风的熏染，身心净化、安然。他们中的许多人一住就是十多年。灵岩山寺的生活条件虽然不算好，但居住的僧众常年在150位左右。灵岩山寺每天坚持早晚课诵，半月诵戒，念佛堂常年“佛七”等，其摄受力量，不言而喻。灵岩山寺不做经忏佛事，已经远近闻名，而上山参加精进“佛七”的善男信女常年不断，从而较好地保持了印祖专修净业道场的特色。

灵岩山寺由于明学大和尚的治理与传承，道风学风远播中外，来参学者络绎不绝。日本佛教界也慕名而来取经学习。根据资料记载：自1980年6月起至今，到灵岩山参访的日本佛教代表团体有净土宗、禅宗、密宗及佛教大学的师生与教授等，约有数千人次。并携以佛教经典、各寺道场之古风近貌图片资料及其他纪念品相赠。

灵岩山寺的茶园

我们来到了这片神圣的土地，见证了灵岩山寺那些纷纭的过往，我们将历史还原明朝永乐四年，曾一路朝圣的日本高僧荣林周瑞禅师从印度来灵岩山寺留学，向曾应诏参加编纂《永乐大典》的灵岩山寺住持南石禅师学习农禅生活。当时，灵岩山寺僧众一面参禅，一面种茶。这种独特的农禅生活深受日本荣林周瑞禅师的赞赏，并引起他极浓的兴趣。他渴望在回国时，将灵岩山寺的茶子和佛像经典带回日本，让这种农禅生活传唱得更加响亮。八女市郊黑木町大瑞山，松木苍郁，岩石重叠，荣林周瑞禅师见到此地土地如此肥沃，便将茶子就地种下，此茶取名“八女茶”。该茶每年立春后88天开始采摘，用第一批嫩芽制成的茶细如钢针，甚为名贵，它色泽乌黑透绿，苦中带甜，味道醇厚，香气浓郁。八女茶现为日本全国闻名的名茶，灵岩山寺也就成了日本“八女茶”的祖庭。

风云变幻，厚重的历史往往会给未来设下伏笔。1984年4月10日，日本福岗县（省）八女市市长齐藤清美率领访华团一行38人，为饮水思源，回报祖恩，专程访问朝拜了灵岩山寺。他恭敬地对明学大和尚说：“八女茶能有今天，是托灵岩山寺的福啊！”日本友人以感恩的心情将八女茶苗带回灵岩山寺，希望借此祝愿中日友好永久持续。原来人的心都是这般的感恩，倘若每个人都心存这种感恩与善念，在属于自己的心理世界里深情留下一抹微笑，该有多好！

明学大和尚知道这段历史后，即兴赋“友谊茶苗”诗一首：“昔日原是灵岩去，今朝又从八女来，友谊瑞草千古秀，香茶妙树万年开。”日本友人回赠的这些茶苗在寺院师父的栽培下长得郁郁葱葱，这中间凝聚着两国人民的深厚情谊。

灵岩山寺给我们留下了太多的向往，放逐那颗心灵，却发觉对不知所踪的往事更加渴望知晓，在齐藤清美率领访华期间，日本友人木村礼道法师、米田信夫，因受日本古代大德到中国求学的感人事迹的影响，也前往灵岩山寺取经求法，体验灵岩山寺的修学生活。经过多年的岁月洗礼，灵岩山寺在明学大和尚的住持下，成为苏州市对外交流的一个重要窗口，它以佛教大慈大悲的精神热忱接待着海内外的信众。

寶所

僧伽教育

好雨知时节，当春乃发生。随风潜入夜，润物细无声。

在“文化大革命”的十年浩劫中，佛教寺院被占，佛像被砸，僧人被逐。20世纪70年代末，国家实行改革开放，历史的噩梦才逐渐走远，中国开始全面贯彻落实宗教信仰自由政策，寺院相继恢复开放，出家僧人像远离家乡的游子一样陆续回到了自己的家。满是伤痕的佛教是人才奇缺，青黄不接，怎样才能改变佛教的命运？中国佛教协会会长赵朴初提出“当前佛教的关键是：第一是培养人才；第二是培养人才；第三还是培养人才”。在赵朴初这一战略目标引导下，为振兴中国佛教的僧伽教育，中国佛教界进行了大力兴办佛教院校，制订佛教教育规划，提出系列教育方针，采取多渠道、多层次的方法培养佛教人才，使办学走向了修学一体化、学僧生活丛林化。

杜甫的《春夜喜雨》很能说明当时的情形，此时此刻，灵岩山寺也是极度缺乏有素养的僧人，借着这场及时雨，明学法师、明开法师、安上法师、上海的明暘法师共同商议，发起了创办中国佛学院灵岩山寺分院的倡议，得到了当时在全国考察的中国佛教协会会长赵朴初的首肯。1980年初，在中国佛教协会赵朴初会长的关心下，经国务院宗教局批准，在省委、市委统战部和省、市宗教局（处）的大力支持下，在灵岩山设立中国佛学院灵岩山分院，学制两年。

中国佛学院灵岩山分院

灵岩山寺一角

灵岩山分院于1980年12月10日开学。接收学僧44名，来自全国各地12个省市，其中高中生14名，初中26名，小学4名。除佛学课外，还开设语文课、中国历史、时政、书法、外语（日、英），经过两年学习，第一届学僧于1983年2月3日毕业，共33名。

开办佛学院，不等同于普通的教育。它是集宗教信仰、宗教文化、宗教感情、宗教艺术等为一体的教育。名旸法师、明学法师商量后确定了办学风格，决定将学员丛林化。寺院分为三部门：一、念佛堂；二、佛学院；三、八大寮口。佛学院学僧以研究教理为主，学院的宗旨是教遵天台，行归净土，学修并重，行解相应。念佛堂以修为主，兼学教理。客堂与外寮负责接待信徒和处理日常事务。三个职能部门协调合作，共同修学，共同维护寺院的正常秩序。每天共修的课程有早晚功课，二时临斋。若有信徒做超度佛事，皆是随堂普佛，或佛七。功课常年不变，这就保证了学僧及大众的修学不受影响。灵岩山寺的道风与学风也得到了佛教界人士的一致认可。灵岩山寺的道风学风由此远播中外，来山参学者络绎不绝。作为最早的分院之一，引起了国内外众多人士的关注。对于这件弘扬佛法、培养接班人的大事，明学大和尚深深感到身上的分量。

多少年过去了，明学大和尚依稀记得当时的艰辛，没有教学设施，更没有生活和开办经费的来源，留给明学大和尚太多的无奈和茫然。虽然说在两袖清风、一清二白的情况下创办佛学院，但是明学大和尚却坚定地说：“中国佛学院在我寺办分院，是赵朴初对我们的信任。这是培养佛教人才的大事，我们无论如何也要办好。”师资不足，与苏州教育学院联系，取得该院大力支持，抽出了得力的教师作为佛学院兼职老师；经费短缺，海内外信徒纷纷慷慨乐助；校舍不够，寺内腾出最好的房子供学僧住，并在较短时间内造好了12间校舍。

悠悠沧海，人世浮沉，经过数年的励精图治，才形成了一定的规模。明学大和尚在分院开办时，即明确提出分院办学的方针“立足本国 ，面向世界”“教遵天台，行归净土”。“教遵天台，行归净土”八字方针也是印光大师及前人共立的规约，多少年过去了，这些规约几经苍茫，现在仍完整地保存于教学体制中。在这个大前提下 ，灵岩山办学的目标非常明确，设置的课程有天台宗、净土宗、律宗、佛教史、佛学概论、梵呗及语文、历史、时政、书法等，佛学课占70%，文化课占30%。力争做到三学并重、五明兼攻的教学格局。任执教工作的数位法师含辛茹苦、诲人不倦地陶铸这些年轻有为的莘莘学子。他们崇高无私的奉献品格，受到了大家的敬仰和尊重。

为了办好佛学院，明学法师不断探索，逐步形成了一整套较好的办学模式。对于进院的学僧，通过书面和实践并举，重在实践的考试办法，全面考核学僧的宗教信仰、遵守清规戒律和吃苦耐劳状况，以二比一的比例，录取学僧。在教学上，他们实行学修一体化、学僧生活丛林化，让学僧在读书的同时，与寺内僧众同吃、同住，参加早晚功课，避免了理论与实践的脱节。

晴空万里
前程光明

明学
84年7月4日

二十多年来，任课法师都是本院培养的优秀僧才，修学德行足为大众楷模。因此，灵岩山分院的师资比较稳定。法师们的生活待遇与寺内执事一样，从不搞特殊化。每年正月伊始，法师和寺内的执事同时挂牌请职，参与寺内执事会议，执教法师授予主讲、助讲职称。学院行政管理由监学、副教务长负责。曾在学院任教的法师，如常德、圣权、宗净、常定、道元、万空、瑞法、通艺、智藏觉华、道泉等法师，现在大多于海内外弘法。如今留院继续执教的法师有道安、海宴、常悦、华中、梵果、兴德诸法师，以严谨的修学作风、丰富的学识水平，身体力行，言传身教，用佛法甘露浇灌着立志向道的释子，使他们成长为法门栋梁之材。事实证明，从历届毕业生中选拔那些学修有专长的僧才作为执教人员，是一条行之有效的办学思路。

灵岩山分院在第三届时曾试办专科和本科两个班，从专科应届毕业生中选取学修成绩优异的学生升入本科继续学业。1993年，灵岩山分院根据当时的情况，试办了一个研究班，1995年正式开办研究班，学制定为四年。从应届专科毕业生中择优录取有志于修学的学生继续深造。

研究班完全依照本寺《共住规约》及本院《院规》《教学大纲》的规定，全面体现“教遵天台，行归净土”的宗旨。学生严格遵守清规戒律，从事丛林生活，鼓励自行礼佛、诵经、念佛等行持，并统一参加每年末的精进佛七。学生依据授课内容完成每月一篇的学习总结报告，每学期准备一篇论理精详、内容完整的论文，学生平时要接受口试、笔试等测验。

灵岩山分院僧源主要由各地佛教协会、寺院推荐、新生自行报名，通过统一考试录取，不发《招生简章》。这也是灵岩山分院招生形式的一个独特之处。在这个道场之中，学生从入学开始，即自觉与常住诸师一同维护着净土丛林的道风。有一些学生毕业后，发心长住念佛堂，日日熏修于印光大师亲手订立的念佛堂日行规则。堂中的维那、知堂无一不是学院的毕业生。灵岩山常住至今仍保持着不应酬经忏等五条规制，学院学生在此清净的环境里磨炼，学修气氛颇浓。有相当一部分的学生先是进堂念佛数年，然后才报考佛学院，有着很好的修学基础。

回顾灵岩山分院佛教教育的发展经过，明学大和尚还是比较欣慰的。“求真务实，广大印祖莲风”的修学风格，开创了灵岩山寺办学的新局面。办学至今，佛学院毕业的毕业生已经桃李满天下。很多毕业生都遍布海内外从事弘法护教工作。初步统计，于海外弘法的法师有二十多人。另外有三分之一的毕业生现于各地丛林、学院担任会长、方丈、监院、教务长、执事等各项重要职务，其中有的已是国内一些名寺的主持和监院，有的在美国、斯里兰卡、新加坡、加拿大等就读博士，有的担任国家省、市协会领导人，还有的著书立说，成了传播我国佛教文化的使者，为当代汉传佛教的复兴作出了贡献。

如果不是明学大和尚坚定的信心和其执着的精神，如果不是佛力的加倍，怎会有今天的灵岩寺和今天的佛学院呢？

賀靈岩山寺主持明学大師升座三十周年

弘教育才六十年

修善濟世一甲子

中國傳統文化促進會宗教文化委員會

庚寅年 金秋 立群 書

賀中國佛学院靈岩山寺分院成立三十周年

卅載耕耘姑蘇傳慧炬

法雨普被弟子滿天下

中國傳統文化促進會宗教文化委員會

庚寅金秋 立群 書

般若智慧

红尘如泥，人们往往会沉醉在这泥泞的光阴里，不能自已。要想越过痛苦和无明的海洋，就必须要有足够的智慧波若密。

红尘如泥，人们往往会沉醉在这泥泞的光阴里，不能自已。要想越过痛苦和无明的海洋，就必须要有足够的智慧波罗密。明学大和尚就是这样，通过多年的闻思修行，他具足了非凡的智慧。无论是弟子要求开示还是处理棘手的问题，他都是那么的从容解答，让你会感受或体悟到他的禅思妙语所带给的快乐。他已经成为当时苏州市颇负盛名的法师。1980年，党的宗教信仰政策恢复和落实后，他被市政府宗教部门请出来，主持灵岩山的维修和教务活动，这是落实宗教政策后第一位上山的大和尚。

灵岩山第一亭——继庐亭

两侧对联为："大路一条到此齐心向上；好山四面归来另眼相看。"

明学大和尚没有怨天尤人，他上山后怀着感恩的心，积极协助党和政府贯彻宗教信仰自由政策，维护佛教界的合法权益，培养佛教僧才，维护和弘扬印祖思想，服务社会，服务人群，热心接待信众，开展对外友好交往等工作。他知道，是党的十一届三中全会恢复了“解放思想、实事求是”的思想路线，才使国家获得了新生，也使佛教徒重新获得了宗教信仰自由的权利。因此，他十分拥护十一届三中全会以来党的路线、方针和政策，十分注意在教务活动中突出爱国主义这一主题。他深感欣逢盛世，机遇来之不易，因而以满腔热情、全部精力，投入到工作中。尤其是他在增强民族团结、促进佛教事业方面成绩更加突出。1984年，宁夏回族自治区中卫地区一些寺庙由于宗教观念的分歧，出现了信徒与僧人不团结的现象，经多方工作，效果不佳，当地一些信徒说：“要解决问题，除非将苏州灵岩山寺的大和尚请来，因为我们相信净土宗，相信印光大师。只要灵岩山寺大和尚说啥，我们就听啥。”为了宁夏的安定团结，在省、市宗教部门的积极支持下，明学大和尚等一行3人到了宁夏回族自治区中卫地区。通过较深入的调查研究，找出了问题症结。在几百名僧人和信徒参加的开示仪式上，明学大和尚讲道理，摆事实，以理服人，在他的循循善诱之下，众信徒及僧人的思想得以统一。以后他又两次赴宁夏，使该地区的佛教活动得到了正常

开展。明学大和尚因此受到了国家宗教事务局和宁夏回族自治区领导的一致赞扬，他还被聘为该自治区佛教协会名誉会长。有人对明学大和尚不知疲倦地工作表示不解，问他为何如此跑来跑去，做事还有这般心力？明学大和尚的回答是：“我终身做事不后悔，只觉得凡事要努力去做，努力做好，不要有丝毫的私心和懈怠。”

观音洞石刻

明学大和尚是一个真正具有大智慧的人，他平日里低调、淡定，和蔼的脸上总是面带着谦卑，时时让人感受到其崇高的思想境界。他的洞察力像风来疏竹而竹不留声。分析问题犀利如剑。那是一个值得具有纪念意义的日子，2000年10月9日，也是净土宗十三祖印光大师往生60周年纪念日，同时也是灵岩山寺佛学院开办20周年的日子。全国很多佛教徒云集灵岩山寺，也不乏各大寺院的高僧仰慕印光大师之威名，前来参加法会。这一天，时任监院的弘法法师起草了一份发言稿，交与明学大和尚。明学大和尚看了看，就随手放在了桌子上。临上台发言时，弘法法师看到明学大和尚没带片言文稿，这让身边的弘法法师捏了一把汗："老和尚一定是忘带了，这可怎么办。"却不知，明学法师一上台就脱口而讲，侃侃而谈："中国的净土宗是有传承的，从第一代到十三代，代代相传，我们要将净土宗发扬光大，在这里，我们需要正确对待两个问题。一是日本的本愿法门，它存在区域性的问题，它适宜日本人，却不符合中国弘扬净土法门。二是关于会集本的问题，印光大师早已明确，要充分重视，要具足正知正见。"如此简洁的话语，思路清晰，主题明确，分量却又是如此的深沉有力，如金刚棒喝，如醍醐灌顶，字字珠玑，句句直指核心，提醒所有的佛子，不要误入迷途。

关于汇集本这样敏感的问题，佛教界众说不一，从宋代直至民国，有近800年的历史。但是，从《无量寿经》会集本问世以来，推崇和反对的斗争就从来没有间断过。但明学法师不避不讳，一贯坚持自己的立场，他拿印光大师的文钞作为教正。1940年8月20日，是印光大师往生前的64天，在《复王子立居士书三》的信中（唯一出现日期的信函，印光大师的信件基本上不注明日期），充分说明了汇集本的严重性。

复王子立居士书三

无量寿经中，有三辈。观无量寿佛经，有九品。下三品，皆造恶业之人，临终遇善知识开示念佛，而得往生者。王龙舒死执三辈即是九品，此是错误根本。故以下辈作下三品，其错大矣。故上辈不说发菩提心，中辈则有发菩提心，下辈则云不发菩提心。无量寿经三辈，通有发菩提心。在王居士意谓下辈罪业深重，何能发菩提心。不思下辈绝无一语云造业事，乃系善人。只可为九品中之中品。硬要将下辈作下品，违经失理，竟成任意改经，其过大矣。在彼意谓，佛定将一切众生摄尽。而不知只摄善类，不及恶类。彼既以善人为恶人，故云不发菩提心。死执下辈即是下品，故将善人认做恶人。不知九品之下三品，临终苦极，一闻佛名，其归命投诚，冀佛垂慈救援之心，其勇奋感激，比临刑望赦之心，深千万倍。虽未言及发菩提心，而其心念之

切与诚，实具足菩提心矣。惜王氏不按本经文义，而据观经，硬诬蔑善人为恶人，竟以恶人为判断。王氏尚有此失，后人可妄充通家乎。既有无量寿经，何无事生事。王氏之误，莲池大师指出，尚未说其何以如此。今为说其所以，由于死执三辈即九品也。书此一以见会集之难。一以杜后人之妄。魏默深，更不必言矣。胆大心粗，不足为训。（廿九年八月廿日）

印光大师反对会集本的言论，收录在《印光法师文钞》的“正编”和“三编”之中，共有三处。

其一：《增广印光法师文钞·卷一·书一》“复高邵麟居士书三”。

其二：《增广印光法师文钞·卷一·书一》“复永嘉某居士书二”。

其三：《印光法师文钞三编·卷二》“复王子立居士书三”。

印光法师文钞

梁启超敬署

梁启超书写的《印光法师文钞》书名

观音洞石像

明学大和尚从印光大师在前面几封信中总结出了反对汇集本的五个观点：1. 古代译经极为慎重。古代翻译佛经是一件很慎重的事情，所译经典都是经过集体推敲印证的，不能“随自心裁，传布佛经”。2. 会集佛经极难无误。会集佛经不是一件容易的事情，以王龙舒在佛学上的造诣，尚且不能避免谬误，其他人就更难保证品质。3. 会集导致妄改佛经。会集佛经会开后人随意妄改佛经的先例。4. 古德不流通会集本。古代大德如莲池大师，都不流通会集本，所以今天也不能流通其他会集本。5. 会集本授辟佛者柄。

明学法师学识渊博，教理清晰，有力地批评了近代很多经书汇集的问题，通过此事足以看出明学法师如海的智慧。

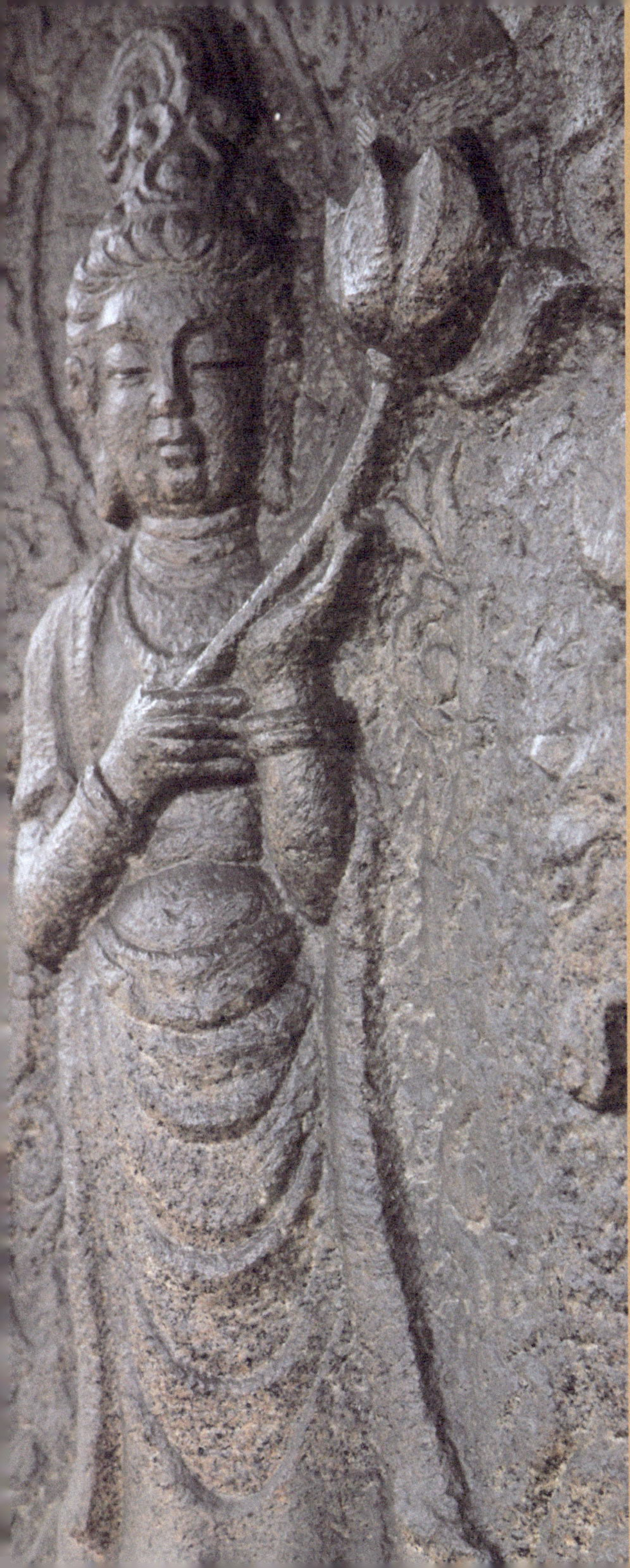

不舍传承殊胜行

富足的生活、知识的渊博并非是人生追求的终极目标，佛陀说，看破、放下，才能达到自由、快乐和解脱的境界。

清净传承

维护清净的传承、遵守清净的传承，才能使正法得以延续，才能使自利利他的事业得以兴盛。

维护清净的传承、遵守清净的传承，才能使正法得以延续，才能使自利利他的事业得以兴盛。传承的作用就是能使佛法传续不断，从而保证佛法的完整、纯正，只要传承不断，佛法就不会流失、变质。净土从初祖慧远大师，到十三祖印光大师都是一脉相承，从未间断过法脉的传承。正是这样一脉相承、代代相传的传承，才使得灵岩山寺的净土法门灯灯相续、源远流长。

明学大和尚只是这传承中的一分子，但他却是让众生感动的一分子，读着他的故事，就像读一首伤感的诗，往往会不自觉被他对佛法的追求和修持所感动，但他追随祖师们的脚步从没停留过。每一天，他都会为佛祖点燃一炷香，长跪不起，仿佛以这样的方式才能表达他对传承祖师们的虔诚之心。

时光回眸，印光大师的教言在明学法师眼前历历在目。印光大师一生教诫世人“老实念佛，以法为重，以道为尊，名闻利养不介于怀”。身体力行，一丝不苟，反对迷信与神化个人；真参实修，淡泊名利。出家以后，“始终韬晦，不喜与人来往，亦不愿人知其名字”。多次闭关，遍阅经藏，念佛不辍。书信来往，皆以“常惭愧僧”自称。凡有所请益，大师皆妙契机宜，博征旁引，不拘于一说，不谈玄说妙，但劝人“老实念佛”。

印光大师虽名闻遐迩，依然“刻苦俭朴，一如故昔，洒扫洗涤，亲自操作，粒粟寸纸，珍若拱璧”。他自奉极薄，日常饮食以能充饥为准，不求适口的饭菜；衣服以能御寒为准，厌弃华丽。如果有人供养他珍美的衣食，他却而不受。如果不得已的情况下收下了，就很快拿来转赠别人。如果是普通物品，就交到库房，由大众共享。他虽薄以待己，却厚以待人，一旦有钱，从不储蓄，不是救济孤苦，就是印经赠人，或办慈善事业，而自己却总是“破衲粗粝，一生过着艰苦朴素的生活”。不尚玄谈，唯深信因果，老实念佛，老实做人，且常以因果之理教导人，整部《文钞》也不外是教人如何做人、如何念佛。他为迷失者确立道德信念，挽狂澜于既倒。在他的影响下，灵岩山寺佛风声名远播。

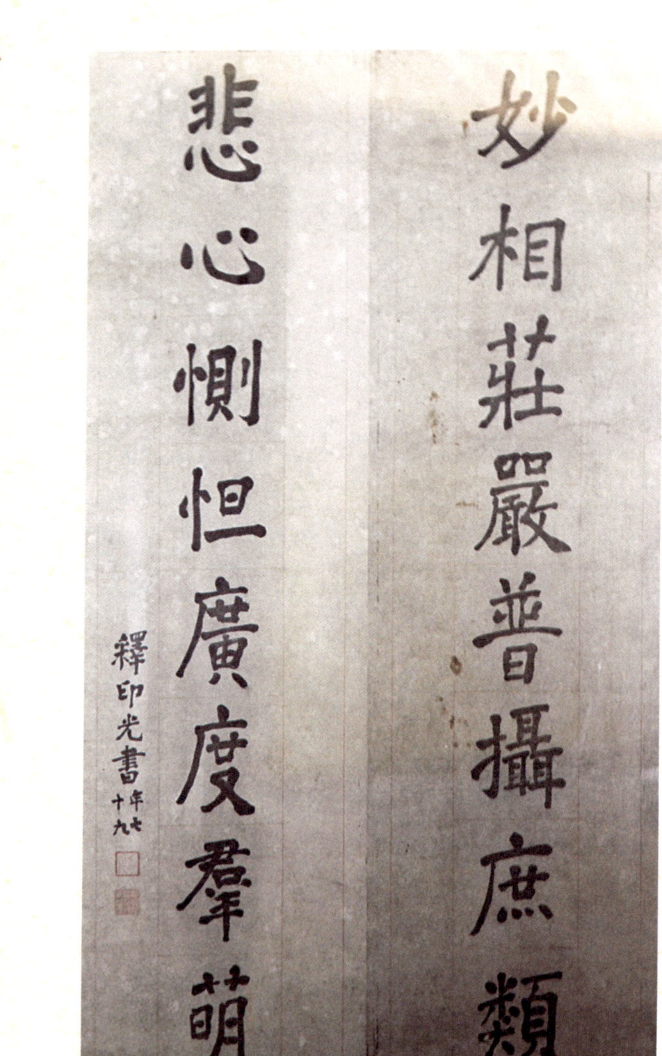

明学大和尚在世俗的风口浪尖上依然坚持自己的立场，即使粉身碎骨也不忘印祖教诲。时光荏苒，几十年如一日，以印光大师为榜样，淡泊名利，以身作则，言传身教，领众实修，使灵岩山寺道风传承至今，常住兴旺。虽然灵岩山地处富裕的江南，但常住的生活条件依然清苦平淡，依然还有很多年轻的出家僧慕名来此安心办道，无悔地来追随明学大和尚修学的身影。

佛陀住世时，早有预言，到了末法时期，许多魔子魔孙会披上佛的袈裟，进入佛门，坏佛正法。随着佛教逐步繁荣，佛教界内出现了某些不正之风，“借佛敛财”“腐化变质”现象像瘟疫一样开始蔓延，有些寺庙佛教出现了子孙化、生活经忏化等诸多现象，忙于应酬经忏和各类法会。甚至有些僧人信仰淡化、争名夺利、贪图享受，这些都给寺院管理和道风建设造成了极大的负面影响。

那时的明学大和尚在恢复灵岩山寺，虽然修复寺庙需要大量的资金，虽然每筹集一笔钱都是那么的艰难，但他没有被世俗的风气所侵染。他坚信佛陀会给他力量，历代传承祖师会给他加持，即便再穷也不能破坏祖师们的规矩，也要保持道场的清净。他不会忘记，1986年的一天，一位台湾的大企业家因为仰慕印光大师净土宗修行道场，坚持要在灵岩山寺做水陆法会，并愿意出资100万元作为功德款供养寺庙，明学法师明白这100万元在那时是一笔不小的供养，可以让很多破旧的房间得以修复，寺庙僧众的生活也会因此有所改善，但明学法师没有为之所动，他明白这是坏祖师规矩的事，即便是1000万甚至更多也不会答应他的请求的。他很干脆地回绝了那位台湾的大企业家。面对寺庙和灵岩山寺的僧众，他想祖师们会谅解他的做法。

观音洞石像

有人说，常在河边走哪有不湿鞋？被别人看成是敛财机会的事在灵岩山时有发生，但明学大和尚对此纹丝不动。有一次，有一位原籍木渎的台湾将领，去世之后想请灵岩山寺的僧众去他家里做法事，承诺供养30万，可明学大和尚说，“僧众都在寺庙里，你可到寺院里随课普佛超度亡灵，但没有僧众出去的道理”。于是，也严辞拒绝了那位台湾将领。明学大和尚为了清净道风，他不仅在金钱面前这样做，在政治面前也极力维护宗教利益。当时一位政府领导人的亲戚张某，在他去世后，家人希望请寺院派僧众至家里诵经念佛超度，同样被明学大和尚严辞拒绝。

明学大和尚不为金钱所动，不为权贵所屈。道风坚固，始终不会被世俗的风吹走传承的信念。多年来，灵岩山寺不做佛事，只是随课普佛，每堂普佛收费500元，就好像他们的门票一样，自打恢复以来至今没有随着社会的变化而调价过。每位法师每堂普佛的钱只有一元，无论是什么人，不参加就没有，包括方丈自己。

正是因为当初的坚持，才有了今天纯净的寺庙，道风才得以保持纯朴干净，佛学院的学子也得以清净无碍地戒体，弘法于全世界，念佛堂的僧众才逐渐修炼成有德行的高僧。事实证明，凡是教制建设好的，住持能以身作则，道风就好，常住兴旺，四众安和，净土法门得以很好地传承下来。

覺林

淡泊名利

行也安然，坐也安然；穷也安然，富也安然；宠辱不惊，看庭前花开花落；得失无意，随天际云卷云舒。

达摩祖师说：“不谋其前，不虑其后，不恋当今。”行也安然，坐也安然；穷也安然，富也安然；宠辱不惊，看庭前花开花落；得失无意，随天际云卷云舒。说明了淡泊以明志、宁静而致远的境界。“采菊东篱下，悠然见南山”的陶渊明是个淡泊者，“一箪食，一瓢饮，不改其乐”的颜回，更是千古安贫守道、淡泊人生的典范。明学大和尚何尝不是当今佛教界佛子的楷模?

灵岩山寺因印光大师的修行道场盛名海内外。中国的内地、香港、台湾以及东南亚等国的信众常常虔诚礼拜，这其中不乏商界大鳄，也不乏政界领导的亲临。作为一位非常有名的寺院方丈，每天接受的供养不在少数，外出参加活动接受的供养也是不菲。但大和尚一分也不留，如数上交库房（常住）。

在苏州这个富庶的鱼米之乡，其美丽堪称天堂，其物质堪称是丰富多彩，其佛教的信众也是多不胜数。每逢佛菩萨圣诞、成道日等著名的佛教节日或周六日，香客如织。要求大和尚给予皈依的弟子和供养的财物也非常多。然而老和尚每年代表常住所收皈依弟子的供养，以及各地护法信徒来山的供养，和去外地参加各种法会接受的财物，都由侍者和客堂库房统一清点上交常住，补品送给其他年老或是生病的法师，其余食品就全部拿到斋堂统一分发给大众师父。而大和尚372元的生活费到现在也一直维持不变，这是在同等的寺庙里一个沙弥的三分之一的收入。这仅有的生活费还要在需要的时候，拿出来捐赠给灾区、失学儿童和孤寡老人。

佛说，人生太多的执着就是放不下名、利、情。细数流光，笑看潮起潮落，有多少人因为名利的贪念而在苦海中轮回，倘若有人学莲花般纤尘不染，是否就不会有那么多的悲喜哀怒？倘若有人如净水般安然无求，是否人间就不会再沾染爱恨情仇？

富足的生活、知识的渊博并非是人生追求的终极目标，佛陀说，看破、放下，才能达到自由、快乐和解

多宝佛塔一角剪影

观音洞石像

脱的境界。为了这种自由快乐，为了达到究竟的解脱，2500年前在印度有一位悉达多的太子出家，他放弃了世俗中所有的财富和地位，义无反顾地披上了袈裟，菩提树下苦修成道，广传法轮。这种淡泊的境界，让千百年来无数的信众顶礼膜拜。

明学大和尚就是其中的一位膜拜者，他的淡泊名利几乎成了津津乐道的笑谈，凡是在灵岩寺参观过的游客，在灵岩寺住过的信众，都会有一种感觉，大和尚实在太节俭，这个寺庙实在太穷！

明学大和尚的办公室，狭小、昏暗，极其简陋。

去过灵岩山寺，你就会感觉到像跨越了历史的隧道，一下子回到了久远的年代。这里没有现代化的设施，房间里不会有空调的影子，一个房间里有一个落地扇那也是一种奢侈；在任何一个房间里，你找不到一个卫生间，找不到一台电视，没有一点现代化气息，基本保持了原生态的布置。在灵岩山寺没有等级之分，大小和尚僧众一律平等，所有僧众都是同吃同住，一间17个平方的房间里都要住4个僧众。

明学大和尚，一生简朴，淡泊名利。为了节约，他每天坚持只用一瓶水，这个习惯坚持了很多年。他每天吃饭的时候，一定要将碗筷刷干净，然后一齐喝下。从细小的习惯上可以看出大和尚的节俭，一张餐巾纸都反复使用，这个已90岁高龄的老和尚，每天坚持自己亲手倒痰盂，自己亲自洗衣服，从不让外人代劳。

明学大和尚不愧是修道多年的高僧，他淡泊名利的每个细节，都值得令人细细品味。有一年，好心的信徒供养了寺院一批新的棉被，新来的僧众很高兴，心想总算可以改善改善了，棉被经过多年的使用，已经破破烂烂，东一块西一块的，哪里还能保暖？

却不知，老和尚把所有的新被都发给了年纪稍长的僧众，年纪轻的僧众一律不发。这引起了很多僧众的不满，老和尚也不解释："以后自然会明白。"

2000年时的明学法师

“人人都说神仙好，唯有功名忘不了”，这是《红楼梦》里的开篇偈语，似乎在诉说繁华锦绣里的一段公案，又像是在告诫人们名利世界中的冷冷暖暖……明学大和尚显然已经超越了名利之境界。

明学大和尚背影

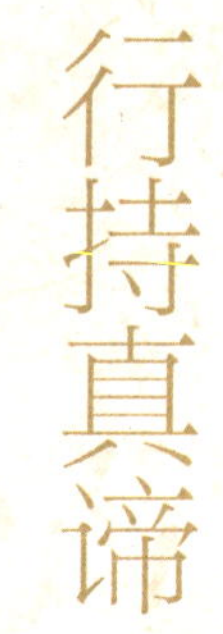

行持真谛

那是一段不寻常的日子，经常会被大和尚的一段故事惊动平静的心情。我们恭敬地阅读，让浮躁的心情尽力淡定。

和大和尚相处的日子，他言语不多，留给我们的是无尘、无杂、无念、无怨的无为之境。那是一段不寻常的日子，经常会被大和尚的一段故事惊动平静的心情。我们恭敬地阅读，让浮躁的心情尽力淡定。

跟随我们的写作，让我们一起翻到2003年的秋冬季节，那日，明学大和尚接到中国佛教协会的通知，在北京召开佛代会，明学大和尚作为中佛协副会长应邀参加本次会议，作为领导需要提前一天报道。飞机缓缓降落在北京首都国际机场，81岁的明学大和尚随众走出，微驼的背影，缓慢的脚步……

机场上，人群熙来攘往，连接不断。此时的明学法师，身着一件灰色海青，行走在众人之间，走出机场大厅，等待前来接站的司机。也许明学大和尚的到来注定要留下一个传说。那天，北京的天空被烟雨弥漫，一位高龄老人在冷风凄雨中等待着一辆又一辆过往的汽车到来，然后又目送一辆又一辆汽车离去，半小时过去了，一小时过去了，大和尚还是在风雨中耐心地等待，那种淡定和从容，让人无法拒绝。

机场的服务人员，把老人家接到等待区："老人家，你一个人吗？为何站在雨中，有人来接你吗？"

"我是来参加佛代会的，他们说好来接我，还没有来，我等一下。"依旧是一脸的平淡。"那联系好了吗？需要我们帮你联系一下吗？”

此时的机场人员才发现这个老人家是一个人，并且没有任何的通信工具。

机场服务员很快联系到了佛教协会，说这里有位叫明学的老和尚来参加会议，赶快派人来接。电话接通的那头表示说已派人来接未接到而返回了。

未过多久司机就到达机场一看，惊呆了：“师父，原来是您啊，我刚刚车子就在你身边，真是对不起啊，我以为您一定会有侍者呢。”

灵岩山寺迎笑亭

相传始建于宋代，东坡居士曾在此笑迎释友。

"没事没事"，大和尚还是一脸的淡定。

而这件事也震动了佛教界，事后有人问大和尚，大和尚语出惊人："寺庙乃受十方信众供养，多一个人就多一个人的费用啊。"

这个故事，深深地打动了我们，为大和尚的行持彻底动容。我不禁想起了印光大师一个同样的故事。

在多年前的一天，印光大师受邀到上海去讲经，当时交通极为不便，从苏州到上海，必须乘坐一天的船才能前往，那时的印光大师早已经是享誉国内外知名法师，净土宗的推行者。

当日，烈日当空，天气异常闷热，在轮船的甲板上，赫然出现了一个衣衫简陋的老和尚，极为惹人注目。恰巧，香港有一著名富商到甲板上乘凉，见一老和尚颇为面熟，细细思量，发现与印光大师相像，却不敢肯定。富商心里揣测，以印光大师的名望与身份，哪能出现在这散席之中？肯定是自己搞错了。他摇了摇头，不敢相信这个事实。

却并不知，该富商是印光大师净土道场的皈依弟子，曾经在皈依仪式上，见过师父一面。富商欲转身离去却心有疑虑：会不会是师父？

还是问问为好，上前合十："敢问师父法号？"

印光大师答曰："印光。"

富商惊问："师父，为何在这散席之中睡于甲板？"

印光大师答曰："我本一凡夫，有何不可？"

历史有时候会出奇般的相似，印光大师和明学大和尚的类似故事有着异曲同工之妙。关于有些情节，无论辗转多少岁月，永远也无法让人忘记。

都说与大和尚有缘的人，都会被他的悲悯和智慧所摄受，任何烦乱的世界都搅扰不了他的清净。如今，我有幸认识了这位崇尚已久的大和尚，亲闻了让人泪不自禁的故事。他在认识他的人身上都会写下无字经书，待有缘人去细细解读。多年前，灵岩山寺的门票依据新中国建立前的门票惯例，收费1元钱，一直沿袭至今。随着市场经济的不断升温，人民的生活日见好转，门票涨价也就是一件随顺世间的事情了，管理部门开会讨论所有的寺院涨价等问题，一致认定灵岩山寺基于文物保护、园林修缮、千年古刹等综合因素，需要调成一张10元的门票，面对此种情况，明学大和尚赶忙应承下来："好的，好的，不过现在信众还不知道，恐怕一下子难以接受，估计需要一段时间。"

可谁知这一拖就是大半年，管理部门对于灵岩山寺门票涨价的问题一直没有等到大和尚的兑现。直到有一次灵岩山寺举行法会的时候，据说一次收到3万元的

人皆可以為堯舜人
皆可以作佛

釋印光書
時年八十

门票款，才引起了有关管理部门的注意，要知道苏州城里的寺庙门票多数都是25元之上。于是，他们决定集体行动起来，游说明学大和尚实行涨价，但是又不能绝对强迫，毕竟大和尚德高望重，这样来来回回商量了很多次，明学大和尚充分考虑到尊重有关部门的意见，终于决定：“那就涨吧，涨一倍，行了吧……”

管理部门的领导一听，哑然失笑，但转念一想这也是胜利，毕竟这是大和尚做出的第一次让步，总比不涨价要强吧。“行啊，那就慢慢来吧。”管理部门的领导无奈地回答。

第二天一早，大和尚起来写出公告，门票实行涨价，命一名僧人帖到山门售票处：参观门票每位两元 一律半价优惠，每位一元。 明学大和尚大智大德带有几分幽默。两元钱一张门票还打半折。大和尚的做法没有人理解，有些香客甚至也不理解，但他做得无怨无悔，他想佛祖肯定会明白他的心意。

大和尚的悲天悯人之心，给灵岩山寺描上了一笔又一笔神奇而浪漫的色彩。他说：“宗教道场不是旅游点，有钱没钱都可以拜到佛，按照欢喜的心去供养，去布施，其功德无量，不要设置出很多条件。”

为了那些信众，为了那些善良的朝圣者，明学大和尚这样做是值得的。我终于领悟了明学大和尚慈悲喜舍之平等之心的境界了。管理部门的领导与大和尚的那次博弈已成为历史，时间久了，他们也渐渐理解了大和尚的本意，真心佩服大和尚的修为。

私下里，明学大和尚又轻轻地告诉信众说：“一元钱的门票，还是统计人数最好的方法。”如此修持的大和尚，让人发自内心地钦佩、尊重。在名利世俗之风蔓延的今天，他选择了另一种姿态存在于烟火人间。

也许每个人心目中的明学大和尚都是不一样的，有人说他慈悲，有人说他智慧，有人说他抠门，有人说他倔强。总之，每种个性都会演绎出不同的人生故事。在苏州曾经有这样一个趣闻：苏州三大寺院中西园寺的安上法师、寒山寺的性空法师、灵岩山寺的明学法师，号称“佛教三铁”。安上法师以铁嘴闻名界内，性空法师靠一支铁笔驰骋于佛教界，而明学法师，在佛教界有一个闻名遐迩的外号叫“铁算盘”。据说很多人都知道这个铁算盘的来历。

已经记不清岁月留下的大概记载，依稀记得有一次，明学法师晚上结账的时候，发现多了一毛钱，就和另外一位法师仔细核对。核对了几遍也没有找出原因，那法师就说丢进功德箱好了，又不是少了。

明学大和尚觉得多和少都是不正确的，要找出原因。后来就把所有的缘簿和其他原始账目清单都搬了出来，拿着两把算盘一笔笔地核对，最后终于查明白了，天也亮了，后来大家就送给他一个美誉“铁算盘”。

时至今日，明学大和尚还是一直兼寺庙的记账，无论每天进入多少香火钱，大到几百几千，小到几毛几块钱，他都一笔笔地记录下来，除了生病外，多年来一直没有间断过，经常会工作到深夜或凌晨。

人只有做到了宠辱不惊、去留无意方能心态平和，恬然自得，方能达观进取，笑看人生。明学大和尚就是这样，以平常心对待世间的一切，充分体现了一种宠辱不惊、去留无意的达观、崇高的精神境界。

落红亭（右页图）

上有对联：“观大海者难为水，悟自心时不见山。”

觀大海者難為水
民國丁丑年孟夏
悟自心時不見山

悲悯众生

不论外在的环境发生了什么样的改变，在明学大和尚的内心深处，总是拥有慈心、悲心和内在的宁静。

不论外在的环境发生了什么样的改变，在明学大和尚的内心深处，总是拥有慈心、悲心和内在的宁静。对于一切众生，他并无分别，无论卑微还是高贵，无论贤愚还是聪慧，他都一视同仁。他明了，对于一切众生而言，避免痛苦、获得快乐的渴望是不可或缺的，这种渴望是人的驱动力，众生需要这种渴望。他就是要努力满足众生的这种渴望，每个行为、每个话语及每个念头，都要为众生着想，就像呼吸一样如此的自然。

1998年1月，地处吴江的慈云寺接到上级政府的文件进行恢复。当时整个寺庙只有一个天王殿、一座宝塔、一个小钟楼、两排平房，占地面积大概只有一两亩地的样子。常住银行账户只有43元现金，整个镇上当时皈依的居士只有6位，要想恢复必须广纳常住，广收皈依居士。但面对这样一座小庙，谁会来这里为想皈依的居士做证明师父呢？这座小庙实在太小了，由于没有影响力，很多师父或许因为忙，也或许是因为庙太小无暇顾及这个不起眼的小庙。

而明学大和尚面对渴望皈依的居士生起大悲心，仿佛每一个要求皈依的众生都是他唯一的孩子。他闻讯后，亲自去慈云寺给那些渴望解脱的居士做了皈依。那是一种伟大的爱，那时刚巧赶上明学大和尚骨折住院期间，他承受着病痛的折磨，怀着慈悲的勇气，把所有的快乐布施给众生。

一次小小的法会，一次就有400多位居士要求皈依，他不厌疲倦，不舍弃每一个众生，一字一句地教导皈依居士，发四宏誓愿，今生求生西方极乐净土。

法会结束后，大和尚慈悲开示："大家要好好学佛，不要迷信，要护持道场；皈依不是皈依某一个人，而是十方诸佛，佛法僧三宝，所有的出家人都可以作为你们的皈依证明师，今后如果有人想皈依，就在这里由当家法师传受即可，不要舍近求远。"

无论何时何地，明学大和尚都时时不忘利益众生，无限的悲心随处显现。那天中午，明学大和尚推辞了当地政府的宴请，就在慈云寺观音殿和斋堂共用的房间用斋饭，然后，把皈依法会上收到总计7000多元的供养，和常住供养他的1000元钱一分不留地全部交给了常住，就连乡下阿婆几十元的红包，他也一个个拆开理好点清楚后交给了常住。

当地的居士后来知道大和尚是中国佛教协会副会长，并且带病坚持给大家做皈依时，都感动得流出了热

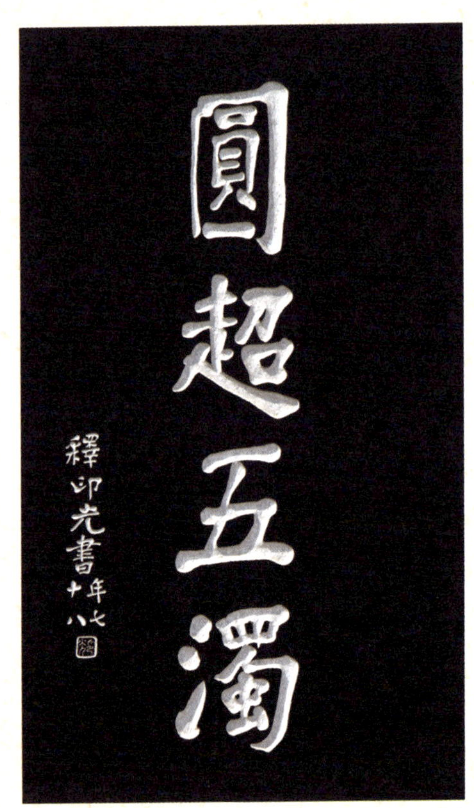

法門廣大普被三根因茲九界同歸十方共讚佛願洪深不遺一物故得千經衍闡萬論均宣

佛曆二九六六年即民廿八年己卯季秋

弟子印光聖量和南撰書 年七十九

泪。一个小小的法会，很多的出家师父都不愿意屈就的小庙，竟然是明学大和尚亲自来给他们做皈依，竟然还不求任何报酬。明学大和尚充满奇迹、救度众生的事业，在当地一直被传为佳话。

不像世间寻常的事业，明学大和尚的慈悲之心没有任何造作，一颗良善、利他的心，随时能感受到他的菩萨行持。

1995年，苏州市批准成立了苏州市佛教博物馆。明学大和尚在寺内经费并不宽裕的情况下，拿出100万元支持建馆事业。

苏州市佛教博物馆

为了让苏州老年居士晚年老有所依，老有所养，他在1992年同其他寺庙一同创办了苏州佛教安养院，收留了150多名在家居士。

安养院大门

为救助失学儿童，他无私地奉献，多次捐款建立希望小学。而自己始终过着淡泊、清贫的生活。出于他的名望，在海内外的一些信徒常常送他丰厚的供养，对于这些钱，他分文不留，全用作寺内建设，即使皈依弟子送来的营养品，也全部分给僧众。

安养院外观

SANYO

安养院内景

明学法师正是以他这种崇高的思想品德，在佛教界树立了榜样，赢得了信众对他的崇敬和信仰。由此，他被推荐为中国佛教协会咨询委员会副主席、中国佛教协会常务理事、江苏省和苏州市佛教协会副会长。

明学大和尚在开示

附录一

明学大和尚弘事记

明学，俗名冯祖慎，1923年2月（农历二月初八日）出生，浙江湖州人氏。

1928年2月开始私塾读书。

1945年在上海太平寺皈依真达老和尚。

1947年以居士身份来到灵岩山寺疗养，并承担了寺内库房记账事务。

1948年2月19日（农历）依普陀山三圣堂真达老和尚出家。

1948年3月在南京宝华山隆昌寺受三坛大戒。

1948年在灵岩山寺任司账、副寺。

1949年2月至11月随净持法师去福建省福州市舍利院亲近慈舟法师学习戒律。

1949年11月在灵岩山寺库房工作。

1956年4月5日在灵岩山寺任监院。

1956年苏州市佛教协会筹建、召开第一届代表会，明学法师被选为市佛教协会代表、并任副会长。

1956年9月在北京中国佛学院本科班就读。

1959年5月在北京中国佛学院本科班毕业。

1959年5月灵岩山寺任监院。

1970年2月下放天平果园（农场）参加劳动。

1980年1月1日落实宗教政策后，明学法师是第一位上山的老和尚，并开创中国佛学院灵岩山分院，先后任院务委员会委员、办公室主任、教务处副主任。

1980年3月18日明学法师接待中国佛教协会赵朴初会长来寺，谢孝思陪同，赵会长为山门题字“灵岩山寺”并赋诗以寄雅兴。

1980年7月16日灵岩山寺明学法师制定、恢复“十方丛林”制度。

1980年9月29日灵岩山寺大雄宝殿内大佛、阿难、迦叶三尊木雕像完工。

1980年12月8日任中国佛学院灵岩山分院副院长。

1980年12月10日明学副院长参加中国佛学院灵岩山分院第一届学僧开学典礼暨印光大师生西四十周年纪念法会。

1980年明学法师为抢修大雄宝殿、天王殿两个主体建筑，山门上灵岩山寺砖刻匾额，特请中国佛教协会赵朴初会长重书，对两旁印光大师题写的对联进行修补。

1980年12月24日明学法师参加中国佛教协会第四届全国代表大会的代表，并受到乌兰夫、阿沛·阿旺晋美、班禅额尔德尼副委员长、帕巴拉·格烈朗杰副主席接见。

1981年1月中国佛教协会主办的《法音》聘请明学为季刊特约撰稿员。

1981年1月20日明学副院长为中国佛学院灵岩山分院举行开课仪式。

1981年5月23日明学法师接待日本净土宗代表团一行5人。

1981年6月14日明学、净持接待日本南和歌山佛教参观团，以吉田启堂为团长一行22人来灵岩山寺参观访问。

1981年7月6日至9日明学法师被苏州市第二届佛代会选举为副会长。

1981年11月明学法师任灵岩山寺方丈。

1981年12月19日灵岩山寺为明学方丈隆重举行升座仪式。

1981年12月明学方丈为灵岩山寺制定《共住规约》。

1982年2月8日明学副院长主持了中国佛学院灵岩山分院第一届第三学期开学典礼。

1982年3月6日明学方丈接待了日本临济宗庐山访中团一行21人的参观访问团，团长为中村文峰。

1982年9月8日明学方丈为观音洞修造石亭，使千年古洞借以重光。

1982年秋，灵岩山寺为61名参加西园寺传戒法会进行受戒，明学法师为教授和尚。

1982年11月14日明学法师参加江苏省佛教协会第一届第二次理事会议。

1983年2月3日为中国佛学院灵岩山分院第一届学僧举行毕业典礼，明学副院长作报告。

1983年3月9日明学大和尚前往日本东京访问。

1983年4月4日明学方丈被选举为苏州市第九届人民代表大会代表。

1983年9月2日为灵岩山寺举行壮严隆重的重塑佛像和重修印光大师舍利塔开光及舍利入塔仪式。第二届学僧开学典礼，明学副院长致欢迎辞。

1983年12月5日明学出席党和国家领导人同中国佛教协会第四届理事会第二次会议，同去还有明开、明旸法师。

1984年明学大和尚被聘为宁夏回族自治区佛教协会名誉会长。

1985年明学方丈主持为钟楼下层正式改为千佛殿、上山道路逐段翻修、山门外悬崖峭壁地段安装花岗石石拱32米。

1986年6月8日灵岩山寺举行祈祷世界和平法会，方丈明学法师作了重要讲话。

1988年明学方丈被江苏省佛教协会第一届代表会选举为副会长。

1988年3月23日至26日苏州市佛教协会隆重举行第三届代表大会，明学方丈出席会议，并当选为市佛教协会副会长。

1988年8月1日关于灵岩山的房产问题，方丈明学法师给中国佛教协会赵朴初会长写了信。

1988年明学大和尚在文物工作中成绩显著获荣誉证书。

1990年1月5日明学主持撰写“印光大师弘扬净土之伟业”，并于同年10月出版了《印光法师纪念画册》。

1991年5月7日苏州市寒山寺聘请明学法师为重建宝塔委员会副主任。

1991年5月9日中国佛教协会赵朴初会长给明学法师写信问候。

1991年9月1日在南京灵谷寺明学方丈接待日本第84次净土宗日中友好访华团，又欣逢日本净土宗日中友好净土宗协会成立十五周年，明学大和尚在纪念会上致祝词。

1991年9月8日明学大和尚参加中国佛教协会部分理事会会议。

1992年5月28日湖州市佛教协会聘请明学法师任

本会名誉会长。

1992年10月8日明学大和尚荣任法源寺住持，举行就职典礼。

1993年1月明学大和尚被选为市人大十一届代表会代表。

1993年明学方丈被江省佛教协会第二届代表会选举为副会长。

1993年9月2日张家港市佛教协会礼请明学大和尚为香山寺名誉方丈。

1993年12月27日至30日明学大和尚前往香港访问。

1994年1月6日至8日苏州市佛教协会隆重举行第四届代表大会，明学方丈出席了代表会，并当选为市佛教协会副会长。

1994年10月18日山东省佛教协会礼请明学法师为山东省佛教协会名誉会长。

1995年农历一月十五日，中国佛学院灵岩山分院举行开学典礼，副院长明学方丈讲话。

1996年12月29日明学大和尚代表省、市佛教协会，灵岩山寺在灵峰寺千佛塔落成典礼暨开光法会上的讲话。

1997年3月明学大和尚当选为苏州市第十一届人民代表大会代表。

1997年明学大和尚为中国佛教协会咨询委员会副主席。

1997年11月15日明学大和尚前往无锡，参加高达88米灵山大佛开光典礼。

1998年明学大和尚参加台湾灵谷寺玄奘大师舍利护送团。

1998年3月明学大和尚被选为苏州市第十二届人民代表会的代表。

1998年3月28日常州天宁寺聘明学长老为该传授三坛大戒教授和尚。

1998年5月1日吴江市观音寺聘请灵岩山寺明学大和尚为吴江市罗星洲观音寺名誉方丈。

1998年7月13日至15日苏州市佛教协会召开第三届代表会。明学大和尚当选为市佛教协会会长。

1999年9月17日苏州市佛教协会聘请明学大和尚为苏州市佛教《弘化》杂志社主任。

苏州弘化社

2000年2月28日江苏省佛教协会[1999]29号文《关于明学法师任灵岩山分院院长的请示》，中国佛教协会[2000]第026号《关于明学法师任灵岩山佛学院院长的批复》。

2000年3月6日收到苏佛字[2000]5号关于明学法师任中国佛学院灵岩山分院院长的通知。

2000年10月9日至10日苏州灵岩山寺在明学大和尚主持下隆重举行中国净土宗第十三祖印光师生西六十周年暨中国佛学院灵岩寺分院建校二十周年校庆。

2001年5月1日明学大和尚接待中共中央统战部王兆国部长，陪同有李源朝、林育英、翁振进、陈德铭、杜国玲、范育民、盛家振、席学明、沈福荣、周远哲等，明学汇报了灵岩山寺情况，王部长非常满意，希望一如既地保护好这些宝贵的历史文化遗产。

2001年10月26日至30日明学大和尚、弘法监院前往北京参加中日韩佛教交流会。

2001年12月7日明学大和尚参加苏州市宗教界爱国主义总结表彰大会。明学大和尚被评为爱国主义教育先进。

2002年2月18日下午，明学大和尚前往南京出席江苏省政协八届五次会议。

2002年7月8日青岛湛山寺礼请明学大和尚任尊

证阿阇黎。

2002年8月26日明学大和尚参加寒山寺性空法师荣升法主和尚、秋爽法师荣升方丈庆典法会，明学大和尚致辞。

2002年9月13日至23日明学大和尚前往北京参加中国佛教协会第七届代表会议，并当选为中国佛教协会副会长。

2002年11月30日明学大和尚代表苏州市佛教协会在湖州白雀山法华寺隆重举行大雄宝殿落成典礼法会上讲话。

2002年宁夏佛教协会礼请明学方丈为宁夏佛教协会三届理事会名誉会长荣誉证书。

2002年12月济南市佛教协会礼请明学法师为济南市第三届佛教协会名誉会长。

2003年明学方丈参加江苏省佛教协会第四届代表会议，并被选举为会长。

2003年1月16日至20日明学大和尚被选为苏州市人民政协委员第十一届常委。

2003年明学方丈参加苏州市佛教协会第六届代表大会，并被选举为第六届会长。

2003年3月明学大和尚被选为江苏省人民政治协商会第十届代表大会代表。

2003年5月9日下午明学方丈与五大教团体主要

负责人前往市“非典”防治指挥部捐款10万元，明学大和尚代表五大教在捐赠仪式上讲了话。

2003年5月26日江苏省委统战部林祥国部长在市统战部金明部长和王科军局长的陪同下视察了灵岩山寺，林部长对明学方丈为省、市佛教协会、灵岩山寺、佛教界所做的成绩表示肯定，还参观了灵岩山佛学院。

2004年1月5日明学大和尚应邀前往北寺塔参加报恩寺佛像开光法会。

2004年3月20日下午日本总务省总务审议官高原耕三先生等一行6人来寺，由明学大和尚陪同参观了藏经楼、观看了日本空海大师的小型塑像，并与客人进行了友好交谈，双方共祝两国人民友谊长存。

2004年3月29日明学大和尚前往吴江市震泽镇慈云寺，参加大雄宝殿奠基庆典法会，明学代表苏州市佛教协会发了言。

2004年5月19日明学大和尚参加寒山寺大殿全堂佛像装金圆满，举行释迦摩尼佛开光法会，并恭请明学大和尚主法。

2004年5月29日明学大和尚赴张家港永庆寺参加天王殿、钟鼓楼落成典礼及三圣佛像开光法会，以及念佛堂、安养院奠基仪式。

2004年8月29日明学大和尚参加了连云港大树希

望小学新教室启用庆典仪式，并讲了话。

2004年11月8日明学大和尚前往镇江金山寺参加心澄法师荣升方丈庆典法会。明学大和尚还为心澄法师送位、挂佛珠。

2004年12月15日印光大师生西六十四周年，由明学大和尚率僧众前往印公塔院举行上供纪念法会。

2005年1月5日明学大和尚前往苏州市红十字会捐款10万元给印度洋海啸的灾民，并代表市宗教界人士共捐款39万余元，受到红十字会赫一如副会长接待。

2005年4月23日明学大和尚出席海南三亚南山海上观音圣像开光庆典法会，并与中国佛教协会一诚会长、香港觉光会长、台湾星云大师及弘法、秋爽、松纯、心澄、无相大和尚等108位高僧共同主持法会，还有数万名信徒参加了庆典法会。

2005年9月27日下午苏州市委王荣书记前来灵岩山寺慰问明学大和尚。

2005年11月5日上午，明学大和尚参加江苏省佛教协会和台湾佛光山共同主办、南京栖霞寺承办在南京侵华日军南京大屠杀遇难同胞纪念馆内举行“海峡两岸佛教界纪念中国人民抗日战争胜利六十周年祈福和平法会”。由明学大和尚和台湾星云大师共同主持法会。

2005年12月26日明学大和尚率满慧前往唯亭重元寺参加大雄宝殿奠基法会。同去有弘法、普仁、秋爽、性空及寒山书院全体学僧，现场洒净，参加人数达到千余人。

2006年2月18日明学大和尚前往昆山参加昆山千灯镇延福禅寺玉佛殿奠基庆典。

2006年10月17日明学大和尚自始至终参加了灵岩山寺档案管理工作，市档案局、民宗局、水上管理局前来考评，经过听汇报、实地看、现场评议，一致通过评为省二级档案。

2006年11月12日至14日明学大和尚前往北京参加全国宗教团体领导人研讨会。14日上午在人民大会堂东大厅，中央领导同志接见全国宗教团体领导人全体人员并座谈、合影。

2006年明学大和尚代表江苏省佛教协会在纪念中国人民抗日战争胜利六十周年海峡两岸佛教祈祷和平法会上的讲话。

2006年11月15日明学大和尚前往南京参加江苏省佛教协会四届三次理事会议，明学会长作了重要讲话。

2006年12月30日明学大和尚前往苏州市人民政治协商会参加市政协第十二届十三次常委会议。

2007年1月19日至23日明学大和尚前往苏州市会

议中心参加市政协第十二届第五次全委会议。

2007年3月18日明学大和尚前往寒山寺参加大钟大碑工程奠基法会。明学在寒山寺大钟大碑建设工程奠基仪式上讲话、培土、开示，最后进行洒净法会，主法有明学、性空、弘法、普仁、秋爽等。

2007年6月20日明学大和尚接待中国佛教协会一诚会长及全国政协民族宗教和宗教委员领导一行30余人前来灵岩山寺视察。

2007年10月30日明学大和尚前往福建省清灵泉灵台山参加佛源寺隆重举行大殿佛像开光典礼。在开光典礼上由明学大和尚开光主法，还代表中国佛教协会、江苏省佛教协会为开光典礼致辞。

2007年10月15日至17日，明学大和尚前往杭州虎跑寺参加弘一大师往生六十五周年纪念法会暨研讨会。

2007年11月2日至5日，明学大和尚前往北京参加中国佛教协会隆重举行赵朴初会长诞生一百周年纪念法会。

2007年11月8日，明学大和尚前往市级机关参加苏州市慈善基金会进行捐赠仪式。明学大和尚代表苏州市民族宗教系统捐赠105000元，其中灵岩山寺捐赠5万元。

2007年11月16日下午2点，明学大和尚率满慧、道参、道学参加“盛世和谐，以心相通”宗教论坛。

2007年11月17日上午，明学大和尚参加重元寺落成典礼暨全堂佛像开光法会。佛教界一诚会长、星云长老、明学大和尚等众多海内外高僧云集阳澄湖畔，为重元寺开光举行盛大法事。

2007年12月20日，明学大和尚前往市会议中心参加苏州市政协第十一届二十九次常务委员会议。

2008年1月9日至13日明学大和尚前往苏州市会议中心参加政协苏州市第十三届委员会全委会议。

2008年3月19日上午隆重举行灵岩山安养院奠基仪式。明学大和尚在奠基仪式上进行洒净。

2008年4月为纪念赵朴初会长逝世八周年，明学题写“赵朴初年谱”出版物的标题。

2008年5月20日明学大和尚参加重元寺佛教文化艺术研究院举办的佛教文化艺术展。

2008年5月13日苏州市民族宗教系统加入到市委市政府为四川省汶川县8.0大地震献爱心活动，灵岩山寺僧众纷纷捐献人民币共达20万元，其中明学大和尚捐款人民币2万元。

2008年5月19日下午2点28分在灵岩山寺大雄宝殿由明学大和尚率两序大众悼念四川汶川地震遇灾难同胞法会。

2008年9月17日至18日明学大和尚前往淮安闻思寺参加闻思寺一期工程竣工暨佛像开光庆典。

2008年9月26日明学大和尚接待台湾法鼓山新任方丈果东法师一行60余人，中午由明学大和尚陪同前往寒山寺。

2008年9月27日明学大和尚前往河南洛阳参加中国佛教协会会长会议。

2008年10月19日明学大和尚在香光厅接待原中央政治局常委、纪检委书记吴官正一行30余人。

2008年10月22日至26日明学大和尚前往厦门世界会展中心参加第三届佛教用品及书画展。

2008年12月5日下午2点明学大和尚前往开明大戏院参加“苏州市一日慈善”活动。明学带头代表灵岩山寺捐赠10万元。

2008年12月15日明学会长参加苏州市佛教协会2008年度办公会扩大会议，会议在重元寺法堂召开。

2008年12月30日明学大和尚前往寒山寺参加隆重举行寒山寺大钟大碑落成典礼，并代表江苏省和苏州市佛教协会向大钟大碑落成典礼致辞。

2009年1月1日苏州市重元寺观音阁隆重举行明学大和尚、性空长老的书法展览。

2009年1月6日明学大和尚接待市人大主任杜

国玲、市政府谭颖副市长来寺视察，大和尚作了汇报。

2009年1月7日在无锡祥符寺灵山梵宫召开江苏省佛教协会2008年度工作总结暨述职考评会议，明学大和尚作了动员讲话。

2009年1月10日下午苏州市佛教协会在西园戒幢律寺举行2009年迎春茶话会。会议由普仁秘书长主持，明学会长作重要讲话，与来自各寺院负责人共庆新春。

2009年1月16日灵岩寺明学方丈参加由苏州市委统战部周向群部长邀请的民族宗教界人士迎春座谈会，明学大和尚发了言。

2009年1月11日至14日明学大和尚前往苏州市会议中心参加中国人民政治协商第十三届二次委员会全体会议。

2009年1月17日明学大和尚接待周向群部长、原市委书记杨晓棠一行来寺视察。

2009年2月9日上午中国佛学院灵岩山分院隆重举行第十四届第四学期开学典礼。由明学院长主持教务会议，并安排本学期的教学各项工作。

2009年2月17日下午2点，明学大和尚前往苏州市会议中心议事厅参加市民宗局召开《江苏省宗教事务条例修订工作调研座谈会》。

2009年3月13日至14日明学大和尚前往江阴永庆寺参加了大殿浇成典礼暨全堂佛像开光法会。

2009年3月23日至24日明学大和尚应台湾星云大师邀请前往扬州鉴真学院参加“两岸人间佛教研讨会”。

2009年3月25日下午明学大和尚前往常州天宁寺参加宝塔内沉香千手观音开光典礼，并主法。

2009年3月26日下午明学大和尚前往无锡灵山参加27日至30日第二届世界佛教论坛。

2009年5月8日明学大和尚前往陕西西安市参加中佛教协会第七届理事会第四次会议。

2009年5月17日至18日明学大和尚前往姜堰参加观音寺落成典礼，藏经楼奠基暨全堂佛像开光法会。

2009年5月26日明学大和尚前往无锡禅符禅寺参加江苏省佛教协会召开第六届二次会长扩大会议，会议由明学会长主持，会议传达和贯彻中国佛教协会七届四次理事会议精神，并进一步落实江苏省佛教协会2009年工作重点。

2009年5月28日明学大和尚参加重元寺多宝楼奠基仪式。多宝楼包括五组建筑，总面积2万平方米，同时可容纳6000人进行佛事活动。

2009年6月12日下午2点，明学大和尚前往西园寺参加苏州市佛教协会召开的秘书长以上会议，由明学会长主持会议，并作了重要讲话。

2009年6月14日至15日明学大和尚前往南京参加中国佛学院栖霞山分院召开的第十二届专科班、第三届研究班学僧毕业典礼，明学院长作了重要讲话，并颁发毕业证书。

2009年6月20日明学大和尚前往福建连城建宁观音寺参加佛像开光法会。

2009年7月3日中国佛学院灵岩山分院隆重举行第十四届学僧毕业典礼。由明学会长、韦准处长、雷应行老师分别讲了话，并颁发了毕业证书。

2009年7月10日至10日明学大和尚前往西园寺参加苏州市佛教协会2009年上半年办公扩大会议。会议由明学会长传达学习中国佛教协会、江苏省佛教协会的会议精神。

2009年8月17日中国佛学院灵岩山分院隆重举行第十五届开学典礼。明学院长作总结讲话，最后开学典礼圆满结束。

2009年8月25日日明学大和尚前往重元寺参加寒山寺寒山书院第四届、第五届和首届本科班开学典礼，明学院长作了讲话。

2009年9月20日江苏省佛教协会会长、苏州市佛教协会会长明学大和尚前往西园寺参加苏州市佛教界新中国建国六十周年祈福法会，由明学大和尚主法。

2009年9月28日上午明学大和尚前往重元寺参加庆祝中华人民成立六十周年苏州市宗教界书画展开幕式。

2009年9月29日明学大和尚前往苏州市会议中心参加全市民族宗教界庆国庆迎中秋茶话会。

2009年9月30日明学大和尚在吴中区佛教界借书画展览方式来庆祝迎接祖国六十华诞。

2009年10月18日明学大和尚参加了湖州市铁佛寺隆重举行重辉奠基法会。

2009年11月2日上午，明学大和尚前往光福铜观音寺参加宝鼎洒净仪式。

2009年11月9日至10日明学大和尚前往无锡灵山梵宫参加中、日、韩佛教交流会。

2009年11月13日至14日明学大和尚前往湖州安吉县灵峰寺参加蕅益大师诞辰四百一十周年研讨会暨慈满法师荣升方丈法会，由明学大和尚送位。

2009年11月13日至14日明学大和尚前往无锡祥符参加江苏省佛教协会召开2009年工作总结、2010年工作计划暨副会长以上人员年度考核工作会议，并由明学大和尚作动员报告。

2009年12月13日明学大和尚参加苏州光福石壁

永慧禅寺观音殿、念佛堂开光法会。

2010年1月3日明学大和尚在吴中区长桥左观堂天王殿落成暨菩萨安座法会上作了重要讲话。

2010年1月15日明学大和尚(农历十二月初一)至2月4日（农历十二月二十日），明学大和尚安排“灵岩山寺隆重举行精进佛七诵经法会”。

2010年1月16日明学大和尚参加吴中区宝华禅寺万佛楼奠基仪式，并作了讲话。

2010年1月18日至21日明学大和尚前往南林饭店参加苏州市政协第十二届三次全体委员会议。

2010年2月28日（农历正月十五）中国佛学院灵岩山分院隆重举行十五届第二学期开学典礼。上午九点召开教务会议，明学大和尚主持教务会议。

2010年3月1日明学大和尚在圣恩寺参加方丈融栗老和尚诞生一百周年，圆寂十周年纪念活动。

2010年3月17日至18日明学大和尚前往南京参加江苏省佛教协会召开的办公扩大会议。会议由明学会长主持会议。

2010年4月2日明学大和尚在云泉寺参加大雄宝殿开光仪式。

2010年4月21日灵岩山寺僧众、学僧、护法居士隆重举行为青海玉树7.1级地震中的遇难同胞祈祷法；明学大和尚带头捐助，僧众自发随缘捐助。

2010年4月23日明学大和尚接待苏州寒山寺书院学僧60多人来灵岩寺参拜，从山脚下开始三步一拜上山。

2010年5月3日至5日明学大和尚前往常熟兴福寺参加白圣长老舍利回奉故土，两岸佛教和平祈福法会有来自全国各地诸山长老，台湾同胞共268人参加。

2010年5月13日上午明学大和尚接待扬州大明寺能度法师一行及60名护法居士来寺朝拜。

2010年5月13日下午明学大和尚接待云南省昆明市龙华寺贞元老和尚（112岁）来山朝拜。

2010年5月21日（农历四月初八）灵岩山寺共庆释迦牟尼佛（太子沐浴节）举行上供仪式，同时明学大和尚在香光厅收授皈依弟子200多人，并进行开示。

2010年5月31日至6月2日明学大和尚前往秦皇岛黎县水岩寺参加水岩寺落成开光暨存海法师升座法会。明学大和尚进行送座并讲话致辞。

2010年6月11日至12日明学大和尚前往南京栖霞寺举行南京大报恩寺佛顶舍利盛世重光系列活动。迎请“佛顶真骨”舍利举行盛大开启开光法。

2010年6月17日上午明学大和尚前往西园寺参加

苏州市佛教协会召开办公扩大会议。由明学会长主持会议。

2010年7月8日明学大和尚前往寒山寺参加寒山寺寒山书院第四届学僧毕业典礼。

2010年8月24日（农历八月十五日）中国佛学院灵岩山分院隆重举行第十五届第三学期开学典礼。上午的教务会议和下午的开学典礼，都由明学院长主持会议。

2010年8月31日明学大和尚接待江苏省宗教局书记周伟文、副讲研员李铭来寺调研。

2010年9月4日明学大和尚接待台中佛教社董事长简金武居士一行9人来寺参观。

2010年9月21日明学大和尚前往苏州市会议中心，参加苏州市政治协商委员会召开国庆中秋茶话会。

2010年10月1日至2日明学大和尚前往太仓市同觉寺参加曙提法师荣升方丈暨大殿开光法会。由明学送座和主法。

2010年10月3日明学大和尚前往江阴市参加佛光寺大雄宝殿七佛开光法会。由明学大和尚主法。

2010年10月17日至18日明学大和尚前往浙江长兴县碧寺参加九龙石壁开光法会。由明学大和尚主法。

2010年10月19日至20日明学大和尚前往无锡灵山梵宫参加中、日、韩三国友好交流会。

2010年10月28日明学大和尚前往苏州市民族宗教局参加工作会议。

2010年11月3日至5日明学大和尚前往福州长乐龙泉寺参加广禅法师荣升方丈升座法会，并由明学大和尚送座。

2010年11月18日明学大和尚前往吴江震泽慈云寺参加文昌阁开光法会，并主法。

2010年11月26日至28日明学大和尚前往苏州南园宾馆参加中国佛教协会召开第八届佛教教育第一次会议。11月27日明学大和尚在全国教育工作会议上致词。

2010年11月28日明学大和尚前往苏州西山包山禅寺参加石雕弥勒佛像开光法会。并由明学大和尚主法。

2010年11月30日下午明学大和尚前往上海玉佛寺参加纪念真禅法师往生十五周年传供追思法会。

2010年12月9日至10日灵岩山寺明学大和尚全面主持隆重举行印光祖师往生七十周年纪念暨中国佛学院灵岩山分院建校三十周年庆典。

2011年1月4日至1月24日（农历十二月初一至十二月二十一日）共计21天明学大和尚全面安排灵

岩山寺隆重举行精进佛七念佛法会。

2011年2月17日（农历正月十五日）中国佛学院灵岩山分院隆重举行第十五届第四学期开学典礼。上午明学院长主持教务会议；下午1点举行开学典礼，明学院长作总结讲话。

2011年3月12日（农历二月初八）灵岩山寺隆重举行释迦牟尼佛出家良辰，祝圣普佛，由明学大和尚主寺。

2011年3月12日（农历二月初八）灵岩山寺隆重庆祝明学大和尚89岁寿诞。江、浙、沪等地的学僧们和市领导、护法居士们前来祝寿的约200人。

2011年3月19日（农历二月十五日）明学大和尚全面安排灵岩山寺隆重举行释迦牟尼佛涅槃日良辰，祝圣普佛。

2011年3月23日（农历二月十九日）明学大和尚安排灵岩山寺隆重举行观世音菩萨圣诞纪念法会。

2011年4月10日至11日明学大和尚前往常州武进南城寺参加中国佛学院灵岩山分院第三届毕业学僧觉智法师荣升方丈典法会。由明学院长送座。

2011年4月16日至17日明学大和尚前往南京栖霞山参加2011年金陵礼佛月开幕式。

2011年5月7日明学大和尚接待真华法师（解放前在灵岩山寺任知客）一行80多人来寺朝山。

2011年5月8日明学大和尚接待苏州寒山寺寒山书院全体学僧，青年佛学社学员来灵岩山寺朝拜。在山路上三步一拜，青年佛学社学员在山路上为母亲节发康乃馨鲜花，祝福母亲节。

2011年5月10日（农历四月初八）释迦牟尼圣诞日举行沐浴节。明学大和尚在香光厅为皈依弟子开示。

2011年7月1日明学大和尚安排中国共产党建党九十周年祝福法会。

2011年7月4日灵岩山隆重举行中国佛学院灵岩山分院第十五届学僧毕业典礼。上午明学院长主持教务会议，下午举行毕业典礼，颁发毕业证书，最后由明学院长作总结讲话。

2011年7月4日苏州市民宗局金建立局长前来慰问明学大和尚。

2011年7月15日上午明学大和尚前往常州参加南城寺净修念佛堂成立法会。

2011年7月29日苏州市人大常委会主任杜国玲、副主任金明赴灵岩山寺慰问明学大和尚。

2011年8月1日常州天宁寺住持松纯方丈聘请灵岩山寺方丈明学长老为本次传戒法会授经阿阇黎。

2011年8月14日（农历七月十五）明学大和尚全面安排灵岩山寺隆重举行盂兰盆经法。

2011年8月17日（农历七月十八日）中国佛学院灵岩山分院隆重举行第十六届第一学期开学典礼。

2011年8月30日下午明学大和尚前往市民宗局参加市宗教系统各单位负责人会议，并与金建立局长会晤。

2011年8月31日上午明学大和尚前往重元参加江苏省佛教协会召开的全体会长会议；下午参加苏州市寒山寺寒山书院第六届、七届学僧开学典礼，明学院长作了重要讲话。

2011年9月9日中午明学大和尚接待贤圣寺灵慧法师一行6人来寺参拜。

2011年9月23日至24日明学大和尚前往盐城参加录宁寺仁风法师升座方丈暨佛像开光法会。由明学大和尚送座并主持。

2011年9月14日明学大和尚参加市区各寺院主要负责人，各县（区）佛教协会秘书长以上人员参加第二次办公扩大会议，明学大和尚作了重要讲话。

2011年9月14日（农历9月19日）灵岩山寺隆重举行观世音菩萨出家日三皈依仪式。由明学大和尚进行开示，有皈依250人参加。

2011年9月27日至28日明学大和尚前往徐州参加茱芋寺全堂佛像开光法会。由明学大和尚主法。

2011年10月7日至9日明学大和尚前往杭州灵

隐寺参加光泉法师荣升方丈庆典。由明学大和尚送位。

2011年10月19日晚上明学大和尚参加江阴体育馆举行的“海峡两岸观音慈善晚会”。

2011年10月20日上午明学大和尚参加江阴悟空寺园通殿举行的万手观音像开光法会，10点在江阴大剧院举行海峡两岸慈爱交流会。

2011年10月23日明学大和尚参加莲花寺佛像开光法会。

2011年10月28日明学大和尚接待上海龙华寺满空法师一行6人来寺参拜。

2011年11月4日至5日明学大和尚参加狼山佛教文化和大势至菩萨研讨会。

2011年11月7日明学大和尚前往无锡南禅寺妙光塔院落成暨佛像开光庆典。明学大和尚代表江苏省佛教协会表示热烈祝贺。

2011年11月11日至12日明学大和尚前往长沙望城参加洗心禅寺悟圣法师升座法会。

2011年11月12日至15日明学大和尚前往南京参加江苏省佛教协会换届会议及第五届会长办公会议、第五届理事第一次会议。

2011年11月30日明学大和尚前往成都市大邑县开化寺参加开光法会。

2011年12月2日至4日明学大和尚前往湖州参加法华寺白雀塔开光典礼。

2011年12月4日下午5点，苏州市委蒋宏坤书记一行人，代表市委、市政府来寺看望明学大和尚。

2011年12月8日上午中国佛学院教授梵文专家释法映来灵岩山寺看望中国佛学院第一届同学明学大和尚。

2011年12月8日至9日明学大和尚前往杭州建德果岛龙山玉示寺参加大雄宝殿全堂佛像开光法会。

2011年12月9日江苏省民宗局沈祖荣副局长、省佛教协会心澄会长、秋爽副会长兼秘书长、市民宗局彭彦处长来寺看望明学大和尚。

2011年12月10日至12日明学大和尚前往江西庐山东林寺，大安法师荣升方丈，由明学大和尚送座。

2011年12月18日江苏省《老年报》总编牛彪一行6人来寺拜见明学大和尚并考察安养院筹建情况，明学大和尚为其书写“佛光普照”书法一幅。

2011年12月明学大和尚荣获江苏省宗教事务局评选的全省创建和谐寺观教堂先进个人。

2011年12月27日明学法师为苏州市盲聋学校、苏州市小动物保护志愿者协会颁发荣誉证书。他们于“2012与爱同行”慈善拍卖晚会中为慈善事业献出爱心。

2011年11月25日至2012年1月14日（农历十二月初一至十二月二十一日）共计21天，明学大和尚全面安排灵岩山寺隆重举行精进佛七念佛法会。全寺僧众、学僧、各寮口法师和护法居士全部参加。

2012年1月24日明学大和尚接待日本客人渡边康儿一行来寺参观。

2012年2月6日（农历正月十五）中国佛学院灵岩山分院隆重举行第十六届第二学期开学典礼。明学院长主持教务会议和开学典礼。

2012年1月13日苏州市佛教协会明学会长在第一次办公扩大会议上作重要讲话。

2012年2月29日（农历二月初八）释迦牟尼佛出家日，喜适明学大和尚九十寿诞，来自全国各地在中国佛学院灵岩山分院的毕业僧，诸山长老前来祝寿。

2012年3月7日（农历二月十五日）明学大和尚安排灵岩山寺隆重举行释迦牟尼佛涅槃纪念法会。

2012年3月7日明学大和尚突发胆囊炎病，前往苏州第一人民医院医治进行微创手术，3天出院回寺，又投入工作。

2012年3月11日（农历二月十九日）明学大和尚全面安排灵岩山寺隆重举行观世音菩萨圣诞纪念

法会。

2012年4月3日中午明学大和尚接待朝鲜客人一行80多人来参观。

2012年4月3日下午明学大和尚接待日本静慈园长老一行20余人来寺参观访问。

2012年4月9日上午明学大和尚接待江西省九江市东林寺110位四众弟子来寺参拜。

2012年4月9日下午明学大和尚接待山东省威海市佛教协会一行20人来寺参学，参拜净土宗。

2012年4月10日明学大和尚接待法国佛学家高照明学者。

2012年4月14日明学大和尚接待上海谭炎居士（92岁）陪同护法居士一行26人来寺参拜。

2012年4月22日至23日明学大和尚参加苏州佛教协召开第六届代表会议。会议产生了第六届理事会，西园寺住持普仁法师当选为会长，明学大和尚获聘名誉会长。

2012年4月28日（农历四月初八）灵岩山寺隆重庆祝释迦牟尼佛圣诞日沐浴节。明学大和尚在大雄宝殿为皈依200多名弟子开示。

2012年5月5日上午上海市宝山区功德坊素菜馆经理杨居士率护法居士一行20人来寺拜见明学大和尚和道安法师，并听取明老开示。

2012年5月5日下午至6日明学大和尚接待台湾灵岩山寺监院自毅法师一行10人来寺参拜。

2012年5月7日原浙江省立三中，现浙江湖州中学校长沈培建、教务主任唐国英一行4人，看望老校友明学大和尚，听取了明老的介绍并参观了寺院，邀请明老10月参加一百一十周年校庆，明老接受了邀请，还为母校题字“桃李满天下”一幅。

2012年5月7日寒山寺寒山书院学僧一行50人朝拜灵岩山寺三步一拜上山，明学大和尚在门外接引。

2012年5月12日明学大和尚接待上海僧伽医疗队一行8人来寺为僧众义诊。

2012年5月15日原苏州市委秘书徐伟荣、苏大社会哲学所陈东兴一行8人来看望明学大和尚，并有3人皈依。苏州大学拟将编写《灵岩山志》列为重大课题。

2012年5月15日下午无锡义工团一行7人来寺，拜见明学大和尚，瞻仰印公关房。并向大和尚捐赠3800元。

2012年5月17日明学大和尚主持召开全体执事会议，通报上月财务情况、重大事务。

2012年5月19日上午9点半明学大和尚前往苏州重元寺主持印光大师创始的弘化社刊，正逢“纪念弘化社创建八十周年暨弘化社恢复印经法务活动十周年庆典”。

2012年5月20日上午在塔院举行纪念弘化社创建八十周年法会。由明学长老主持法会，参加人员达300多人。

2012年5月23日晚上，苏州西园寺方丈普仁大和尚一行3人来寺看望明学长老。

2012年5月25日明学大和尚前往常熟市参加苏州市政协十二届二十四次常委会议。

2012年5月27日上午河北柏林禅寺河北省佛学院学僧一行60人，在教务长明勇法师的带领下来寺参学。明学长老接待并为他们开示。

2012年5月28日下午明学大和尚为70多名皈依弟子主持皈依仪，并开示。

2012年5月29日下午明学大和尚在悟戒、聒慈法师的陪同下到安养院检查工作。听了汇报、亲自视察，对下步工作做了指示。

2012年6月8日河北省佛教协会副会长、秦皇岛市佛协会长、水岩寺方丈、中国佛学灵岩山分院毕业生存海法师来寺看望明学长老。

2012年6月12日明学和尚参加苏州伽蓝寺举办的第二届伽蓝菩萨文化研讨会暨金刚法会。

2012年6月14日明学大和尚参加苏州市佛教协会召开第六届理事会第一次常务理事会议。

2012年6月25日至28日明学大和尚参加苏州市政治协商会议第十三届一次全委员会议。

2012年7月19日明学大和尚参加苏州寒山书院第六届学僧毕业典礼。明学院长讲了话，并颁发了毕业证书。

2012年9月10日明学大和尚参加市佛协在和合安养院组织灵岩山佛学院、寒山书院、戒幢佛学研究所一起庆祝教师节活动。

2012年9月22日明学大和尚赴连云港市赣榆县兴会寺隆重举行全堂佛像开光法会。由明学长老主法。

2012年9月23日明学大和尚前往山东日照五莲山县五莲寺参加觉照法师升座方丈庆典。由明学大师和尚送座。

2012年10月5日至6日明学大和尚前往原浙江省立三中、现浙江湖州中学参加建校一百一十周年校庆。

（待续……）

苏州市灵岩山寺

2012年10月

苏州佛教安养院内的塑像

附录二

灵岩三老

印光大师

印光法师（1861～1940年），俗姓赵，名丹桂，字绍伊，号子任。父名秉纲，母张氏儒人。大师生于清咸丰十一年（西元1861年）十二月三日，系陕西郃阳县赤城东村人。法名圣量，字印光，自称常惭愧僧。又因仰慕佛教净土宗开山祖师——当年在庐山修行的慧远大师，故又号继庐行者。大师振兴佛教尤其是净土宗，居功至伟，是清末民初著名高僧，少习儒学，喜研程、朱，尝辟佛、老。后因病困扰，偶读佛书，顿释诸疑，始知佛法之高深，悔悟辟佛之无知，乃弃理学家知见，皈依佛门潜心研修。他是中国近代佛教影响最深远的人物之一。大师在佛教徒中威望极高，与近代高僧虚云、太虚、谛闲等大师是均为好友，弘一大师更是拜其为师，其在当代净土宗信众中的地位至今无人能及。

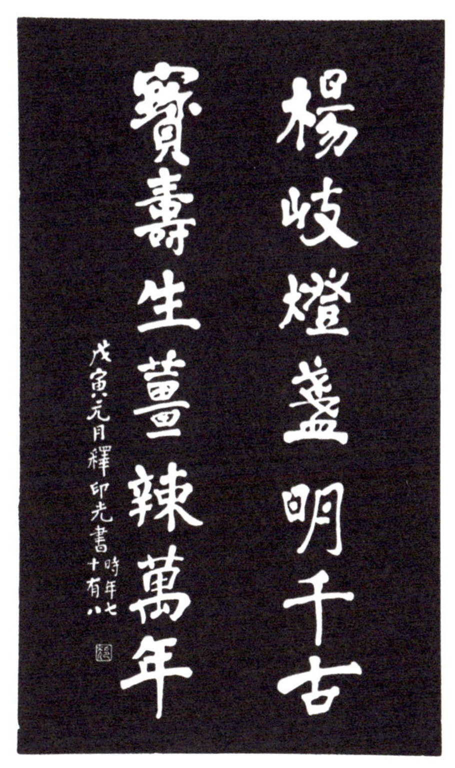

光绪四年（1878年），印光大师舍家离俗，入西安慈恩寺听经。光绪七年（1881年），至终南山莲花洞寺，拜道纯和尚为师，剃度为僧。次年，入双溪寺印海定律师座下受具足戒。得读《龙舒净土经》残本，悟其精妙，以净土为归。光绪十二年（1886年），前往北京红螺山资福寺专修净土宗三年。期间，印光大师曾告假朝拜山西五台山文殊师利道场，回寺后任上客堂香灯、寮元等职，并于诵经之余，研读三藏教典，于是深入经藏妙契佛心。

光绪十六年（1890年），印光大师到北京龙泉寺为寺家"行堂"（为僧众盛饭菜的僧人）。光绪十七年（1891年）住北京圆广寺。光绪十九年（1893年），应请化闻和尚之邀，赴浙江普陀山法雨寺，居藏经楼主理藏经。光绪二十三年（1897年），受请为法雨寺僧众开示《弥陀便蒙钞》。从那以后，印光大师便于法雨寺闭关。光绪三十年（1904年），为温州头陀寺入都请藏，仍住法雨寺经楼。民国七年（1918年）至十八年（1929年）间，数赴上海，弘杨净土宗，大多住在太平寺。民国十九年（1930年），赴苏州报国寺闭关，到苏州后，创办了一所"苏州弘化社"，专印佛书赠人，自净土经论、《安士全书》、他自己的文钞，以至于各种初机佛书，前后多年印送的书籍不计其数，佛像亦百万余帧。

印公关房

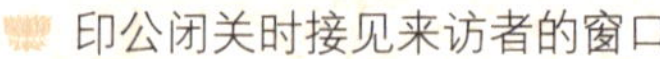
印公闭关时接见来访者的窗口

印光大师在报国寺闭关时会见叩者

印光大师一生著述甚丰，遗著有《印光法师文钞》四卷、续编《文钞》二卷、《增广印光法师文钞》。《印光大师永思集》、《印光大师永思集》

（续编） 等著作，被誉为“小三藏”。如暗夜之明灯，是现代众生修习佛法尤其净土法门的最佳指南。自发行以来，可以说无人不知，无人不晓。他的《印光法师文钞》风行天下，教化信众遍及全国。

印光大师品行高洁，淡泊名利。常以“常惭”署名发表佛学文章，世人竟不知道印光之名。大师从不收徒，随缘乐助。印经布施，接应不暇。皈依者供养之款，他一概拿来作印书赠人之用。民国十一年（1922年），定海县的知事陶在东和会稽道的道尹黄涵之，以印光大师教化一方，汇师道行，请北京政府的大总统徐世昌，颁给印光大师“悟彻圆明”匾额一方，铜鼓喧天地送到法雨寺，香花供养，极盛一时。这在世人认为是难得的殊荣，而印光大师淡然置之，有如罔闻。后来有一位德森法师，侍印光大师座下，为印光大师校对所印的经书，偶然读到马契西居士为印光大师撰写的传记，才知道有徐大总统赠匾这件事，他就叩问大师。大师板下脸说：“悟尚未能，遑论圆明？瞎造谣言，增我惭愧。”

印公关房外小厅

印光法师大师自奉极薄，日常饮食以能充饥为准，不求适口的饭菜；衣服以能御寒为准，厌弃华丽。如果有人供养他珍美的衣食，他却而不受。如果不得已的情况下收下了，就很快拿来转赠别人。如果是普通物品，就交到库房，由大众共享。他虽薄以待己，却厚以待人，凡善男信女之供养，他都毫不犹豫地拿来印佛书流通，为人种福田。他对于赈灾济贫的事，权衡轻重，先其所急，从不含糊。如民国十五年（1926年），刘镇华兵围西安，饿死数万人。解围之后，印光法师立即以印书之款，汇去3000元办赈济。二十四年（1935年）陕西大旱，得到王幼农居士的函告，立刻拿出存折，令人提款1000元汇去，而提汇之后，存折余额剩下了百元，而报国寺的一切费用全赖存折款维持，他认为先赈灾再说。

民国二十九年（1940年）春季之时，大师示寂，于诸多迹象中证知其预知时至，于言谈书信中己流露出去意。延至十月，自知时日无多，召集大众会谈，任妙真为住持，并促令其择日升座。且开示说："净土法门，别无奇特，但要恳切至诚，无不蒙佛接引，带业往生。"十一月初四早一时半，由床上起坐说："念佛见佛，决定生西。"言讫，即大声念佛，二时十五分，索水洗手毕，起立自言：蒙阿弥陀佛接引，我要去了，大家要念佛，要发愿，要生西方。说完，即移坐椅上，面西端身正坐，近五时，在大众念佛声中，安详西逝。世寿八十，僧腊六十。次年二月十五日，往生后一百日举火荼毗，得五色舍利无数，奉灵骨塔于本山石鼓之东南，复于民国三十六年（1948年）九月十九日将师之舍利奉请入塔，后又兴建塔院以供奉之。大师一生劝人无数，苦口婆心方便救助，甘露妙药凝结数语，诚恳直接浅出深入。以净土为归，自行化他，信愿念佛。言传身教，为净业学者之榜样，弘传净土，作世间之慈航。后人尊之为净土宗第十三代祖师，盛名永彪净土宗之史册。

死
學道之人念念
不忘此字則道
業自成
釋印光書
時年八十

真达法师

真达老和尚法相

真达法师（1870~1942年），俗家姓胡，名惟通，号体范，号逸人，安徽省歙县人。他出生在农村中的小户人家，13岁丧母，17岁丧父，身世孤零。后经过亲友介绍，到苏州的一家杂货店做学徒。该店店主夫妇都是佛教徒，每日恭敬礼佛，十分虔诚，耳濡目染，真达也随着拈香礼佛，归信佛教。一日，随着店主前往朝礼南海，见普陀山上寺院清静，佛刹庄严，遂萌生了离俗出世的念头。

光绪十四年（1888年），也就是真达法师年19岁那年，他辞去了杂货店的工作，投入普陀山三圣堂剃度出家。一年以后，他到宁波凤凰山白云寺，依闻果上人受了具足戒，此后锐意精进，勤奋修学，道业日进。后来，经圆光、慧静二位法师的介绍，与在法雨寺潜修的印光大师相识，两人一见如故，交往渐密，相契益深。印光大师长真达9岁，而真达法师对印光大师尊崇敬仰，有如奉侍师长。真达法师在普陀山时，曾在弥陀阁闭关三次，每日诵经坐禅，不稍懈怠，前后9年，修持及学力均大有增长。

民国三年（1914年），真达法师自普陀山到了上海，出任三圣堂下院供养庵住持，此后，他即常住上海。供养庵规模狭隘，且建筑亦很陈旧，真达法师晋山后即有意重行改建，因故蹉跎没有如愿。真达法师虽然人在上海，而他经常回普陀山祖庭三圣堂。回山时必去探望印光大师，礼座问安，讨论法义，相互策勉。而印光法师在民国七年（1918年）以后，常到上海印经，而无适当的落脚处，十分不便。民国十一年（1922年），供养庵拆除重建，取名为太平寺。这时真达法师在太平寺特为印光大师准备了一间静室，作为印光大师到上海时的驻锡之所。从此，印光大师经常住在上海的这间静

室里，每当大师印经书钱接不上时，基本上都是由真达法师辅助以周转。当时，太平寺的香火比较旺，所以真达法师对印光大师的印经款的周转也比较灵便。

民国初年（1911年），木渎镇绅士严良灿，到上海找到真达法师，请他出面接管灵岩山寺，真达法师便找了一位明煦法师住在寺中看守。到了民国十五年（1926年），真达法师请上海戒尘法师出任住持。说明住僧以20人为限，不化缘、不接经忏，专一念佛，每日功课与打佛七相同，所有经费由上海太平寺负担。过了两年，戒尘法师应请到云南弘法，当时，慈舟法师在山上静养，由戒尘法师推荐，真达法师即请慈舟法师继任住持。慈舟法师只管领众常年打佛七，一心念佛，一般寺务，则由监院妙真法师负责。到了民国十九年（1930年），慈舟法师应武汉佛教人士之请，到武汉讲经，此后住持之位一直没有人接替，由监院妙真管理寺务。这时上山念佛的人日益增多，旧有房屋不敷应用，于民国二十一年（1932年）开始兴建念佛堂，通过四五年间相继增建。到印光大师移锡到山上时，大雄宝殿已经落成，并逐步形成了规模。印光大师驻锡灵岩山后，数年间道风远播，使灵岩山成为全国知名的净土道场。

民国三十一年（1942年），真达老法师年已73岁，他自上海到灵岩山寺掩关潜修。民国三十四年（1945年）出关，回到上海太平寺。此后身体呈现衰象，于民国三十六年（1947年）回到普陀山休养，未几复返沪。是年十月圆寂，世寿78岁，僧腊六十夏。

真达法师在上海太平寺驻锡30余年，做了许多社会慈善公益事业。他施衣给药，济寒恤贫，同时也支援佛教中一切弘法利生的事业，受到上海缁素的崇敬。他生平慈祥和蔼，尊贤重道，外示僧伽之相，内蕴菩萨之心，在上海和名流居士王一亭、施省之、简照南等交谊甚深，得众人护持，因此法缘很盛。他曾亲手重辑《西方公据》正、副两册，主编《劬劳集》四册行世，对佛教界的影响很大。

妙真法师

妙真老和尚法相

妙真法师（1895~1967年）。俗姓万，湖北枣阳县人，字妙真。15岁入熊益中药店当学徒，不久即精于业。期间，妙真读过一些佛经和善书，悟道轮回之苦，人生如梦如幻，18岁那年，因其父母急于为他成亲，他便油然而生出家之念，随即投入到随县潭镇嵩山寺出家，同年又去普陀山法雨寺受了具足戒，当时正逢民国肇建之年（1912年）。圆戒后仍回到了嵩山寺。到了第二年，妙真法师出外行脚参访，参访江浙名刹，先后参访了宁波阿育王寺。民国七年（1918年）又到四明山观宗讲寺受学。与宝静、倓虚两位法师同寮居住，三人相互切磋，认真学教，终均成一代大师。从那以后，妙真法师又从持松阿阇梨那里学密，集显密于一身，为后来弘法打下坚实的基础。1923年冬，慈舟法师于常熟兴福寺筹办法界学院，邀妙真法师任监学之职，次年开学。

民国十七年（1928年），妙真法师接受真达老法师之邀请，驻锡灵岩山寺监院之职。入山后，妙真法师按照依印光大师和真达法师之旨，誓将该寺办成真正的十方专修净土与兼律仪之清净道场。妙真苦心经营规划，建造殿堂僧舍，塑造佛像、法器，接众安单，领众修持，故使寺院面貌一新，灵岩净土宗风为之远播，名闻中外，印光大师对其甚为器重，即于1940年冬付灵岩山寺住持之职，真达老和尚为他送座。

为纪念印光大师，弘扬净土宗风，1941年“印光大师永久纪念会”成立后，妙真被推为副会长，并决定发行《弘化月刊》。1947年9月建印光大师塔院于灵岩山，并于院内设印光大师事迹陈列室，以作永恒的追思。此外，他还创办了“灵岩山寺西方研究社”，民国三十七年（1948年）扩充为灵岩山寺净宗佛学苑，教学天台，行皈净土，培育僧才，绍隆佛种。其他如农禅并举，开办后山农场；兴办慈善事业，创办义务小学；修复古迹，保护文物；编印佛典，弘扬正法等成绩卓著。

妙真法师的一生，致力于灵岩山的建设，及热心于文物保护的工作。他在灵岩山30余年，为文物保护作出了突出的贡献，由于寺院开辟地基时，他发现了自宋代以来的碑石，便不分巨细，尽力保存了起来。其中宋代刻碑就有十几种，如绍兴五年《玉观音记》、绍兴六年《敕韩世忠书》等。宋代碑石所刻鸟兽花卉等也有十余种。明代刻石六种，清代石刻也有六种。被妙真法师搜集的佛经、书画及铜、铁、木、石、瓷、玉等雕刻造像、法器有1000多件。1952年，妙真法师将历年所收集的各种文物，在藏经阁上作一小规模陈列。1958年，正式辟室展出，得到各界人士的赞扬。

妙真法师不仅为灵岩山寺的文物保护作出了贡献，而且还将用自己的财力收集四幅宋代绢本设色四天王像，三本元代绢本设色的华严三经像、元代张倜厚的《龙女礼佛图》手卷，和明代文徵明写的老子《道德经》等名家手迹，以及佛像等化私为公，一次性捐给了灵岩山寺。妙真法师的行为感动了很多佛教信众，在妙真法师的带动和影响下，不少居士也将自己珍藏的文物自动捐献出来，充实陈列馆的馆藏。其中较为珍贵的有明李贞书《法华经》，用瓷青纸金书，蝇头小楷，工巧绝纶；明刻本《法华经·普门品》，并《善财五十三参图》，泥金书写，精美庄严，世所稀有。及元代《善宁藏》、明代《嘉兴藏》、清代《龙藏》，还有宋思溪孤本数册。六朝楠木雕观音立像，高七尺余，法相栩栩如生，灵妙庄严。还有文徵明、唐寅、八大山人、石涛、石溪、虚谷等人的书画约200余件。

灵岩山西南麓，有宋韩蕲王（韩世忠）墓神道碑，高五丈，一万三千余言，碑额之高、碑文之多均为天下第一。民国二十八年（1939年）6月，巨碑为飓风吹折，碎成十余块。民国三十五年（1946年）妙真法师主持修复，因碑已无法复原，遂用水泥嵌铁箍胶合成两段并立，以存古迹。妙真法师除了保护文物外，更热心社会救济事业，日寇战败无条件投降后的几年间，他组织灵岩山寺的僧众，下山为贫民施寒衣、施粥、办义务诊疗所、送药。还在宝藏庵办义务小学一所，收容贫家儿童，施以免费教育。那几年苏北灾荒，妙真法师多方募化，救济灾区难民，深得木渎镇民的称赞。

妙真法师认为僧众的生活来源，必须自食其力。他决定在灵岩山下筹办灵岩山寺后山农场，耕地一百余亩，带领全寺僧众开场种地，提倡“一日不作，一日不食”的百丈遗风。粮食逐年增产，达到了蔬菜、粮食自给有余。1949年新中国成立，此后妙真法师仍驻锡灵岩山寺。1953年，北京中国佛教协会成立，妙真法师当选佛教协会理事，并担任江苏省佛教协会筹备会副主任、苏州市政协委员。他于1967年1月14日示寂，世寿73岁，僧腊五十六夏。为追思妙真法师中兴灵岩净土道场的贡献，灵岩山寺于1985年为他立碑建塔，以资纪念。

靈巖山寺

图书在版编目（CIP）数据

清心：明学大和尚简记/仁华，文华著. —北京：宗教文化出版社，2013.2
ISBN 978-7-80254-662-2

Ⅰ.①清… Ⅱ.①仁… ②文… Ⅲ.①僧侣-生平事迹-中国-现代
Ⅳ.①TSB949.92

中国版本图书馆CIP数据核字（2013）第030950号

清心：明学大和尚简记

仁华　文华　著

出版发行：宗教文化出版社
地　　址：北京市西城区后海北沿44号 （100009）
电　　话：64095215（发行部） 64095265（编辑部）
责任编辑：王志宏
印　　刷：北京信彩瑞禾印刷厂

版本记录：880毫米×1230毫米　32开本　7.25印张　200 千字
2013 年 4 月第 1 版　2013 年 4 月第 1 次印刷
书　　号：ISBN 978-7-80254-662-2
定　　价：39.00元

靈巖山寺
淨土道場
佛教聖地